金榜题名

中国历代状元文章

华胥◎编

中国出版集团有限公司
China Publishing Group Co., Ltd.
现代出版社

图书在版编目（CIP）数据

金榜题名 ： 中国历代状元文章 / 华胥编. -- 北京 ： 现代出版社，2025. 7. -- ISBN 978-7-5231-1628-9

Ⅰ. D691.46

中国国家版本馆CIP数据核字第2025NZ6450号

金榜题名 中国历代状元文章

JINBANG TIMING ZHONGGUO LIDAI ZHUANGYUAN WENZHANG

编　　者　华　胥

责任编辑　窦艳秋
责任印制　贾子珍
出版发行　现代出版社
地　　址　北京市安定门外安华里504号
邮政编码　100011
电　　话　(010) 64267325
传　　真　(010) 64245264
网　　址　www.1980xd.com
印　　刷　三河市同力彩印有限公司
开　　本　880mm × 1230mm　1/32
印　　张　5
字　　数　98千字
版　　次　2025年 7月第1版　2025年7月第1次印刷
书　　号　ISBN 978-7-5231-1628-9
定　　价　59.80元

序

探寻科举智慧，汲取文化精华

科举制度，作为中国古代社会一项影响深远的人才选拔制度，从隋唐时期发端，历经一千余年，直至清末才退出历史舞台。它的诞生，犹如一颗璀璨的星，照亮了无数寒门士子的求仕之路，彻底改变了中国古代的政治生态与社会结构。在此之前，选拔人才的方式主要有汉朝的察举制以及魏晋南北朝的九品中正制。察举制虽有考察、推举之意，却多为世族大家所垄断，难以做到真正的公平公正；九品中正制本是察举制的改良，最终却因士族势力的过度干预，出现了“上品无寒门、下品无士族”的荒诞局面。直至隋朝，隋文帝杨坚果断废除九品中正制，采用分科考试取士的方法，科举制度的雏形才得以初步显现。随后，隋炀帝正式设立进士科，标志着科举制度的正式确立。

科举制度对世界的影响极为深远，堪称中国贡献给世界的一大智慧瑰宝。在文化领域，科举制度有力地推动了儒学在东亚地区的广泛传播，使得儒家文化的影响力不断扩大；在政治方面，许多国家的文官选拔制度，诸如英国、法国、德国等国的公务员选拔制度，都从科举制度中汲取了丰富的灵感与养分；在教育层面，美国的大学入学考试制度、日本的高中入学考试制度等，也都能看到科举制度的影子，它促使世界各国更加重视教育的公平性与人才选拔的科学性。

进士科作为科举考试中的重要科目，始于隋代，与明经、明法等诸科共同构成了科举考试体系。在唐代，进士科特受重视，因其为常科且考取难度极大，每次录取人数稀少，仅为明经科的十分之一，故而最为尊贵，地位亦在各科之首，时人甚至称进士及第者为“白衣公卿”。进士科的考试内容丰富多样，除了经学和时务策外，唐朝时还特别注重诗赋考核，这对考生的文学素养与综合能力提出了极高要求。发展至宋代，熙宁年间废除明经诸科，仅存进士科，并改为以经义论策取士。元祐四年，又分设诗赋进士和经义进士两科。此后，进士科便成为科举中唯一的科目。明清两代，殿试分三甲发榜，一甲三名“赐进士及第”，二甲若干名“赐进士出身”，三甲若干名“赐同进士出身”。

在科举制度的光环之下，状元无疑是最为耀眼的存在。状元，即科举考试殿试中的第一名，是皇帝亲自钦点的佼佼者。中状元意味着获得皇帝的高度认可与赏识，能享受无上的荣耀。同时，状元的社会地位会瞬间飙升，通常会被直接任命以朝廷的重要官职，如翰林院编修、侍讲学士等，得以直接参与国家政务，成为朝廷的核心重臣。此外，状元及第还能为家族带来无上的荣耀和声望，整个家族都会因之受到社会的尊重与仰慕，为家族后代的发展奠定坚实基础。状元的产生，是对其个人非凡文学才华和深厚学识素养的高度肯定，是在激烈竞争中脱颖而出的证明。

本书精心收录了众多状元的得意之作，为我们打开了一扇深入了解科举文化的大门。阅读这些状元文章，有着诸多不可忽视的益处。首先，能从中学习古人的治国之策，状元们在文章中对国家治理、社会发展等问题的深刻见解与独到思考，即便历经岁月洗礼，依然能为我们提供宝贵的借鉴与启示。其次，通过这些文章，我们可以深入了解历史，知晓众多文化常识，感受不同朝代的社会风貌与思想潮流。再次，文章中蕴含着丰富的中华文化典故，有助于我们熟悉传统文化，增强文化自信。此外，状元文章中还隐藏着许多谋略与智慧，无论是应对考试的策略，还是分析问题、解决问题的思路，都值得我们细细品味与学习。更为重要的是，这些文章展现了状元们如何在考场上迅速梳理毕生所学所思，并将其转化为精妙绝伦的文字，对于我们提升现场写作能力，掌握快速行文的技巧，有着极大的启发与帮助。

让我们一同走进科举的世界，领略状元们的风采，汲取其中的智慧与精华，在历史与文化的长河中畅游，收获知识与成长。

目录

春风得意马蹄疾，
一日看尽长安花。

——[唐]孟郊《登科后》

唐睿宗垂拱元年（685）乙酉科

吴师道

（生卒年不详）

唐代官员，高宗至玄宗时期人。

他参加垂拱元年（685）乙酉科进士科考试，作时务对策五条。该年取进士二十七人，吴师道被点为状元。

武则天时期曾任司勋员外郎、仓部员外郎、户部郎中、吏部侍郎等。

睿宗太极元年（712）任银青光禄大夫，检校秘书监，负责重修浑仪，至玄宗开元二年（714）完成。

太后：唐天顺圣皇太后武则天

问：

欲使吏洁冰霜，俗忘贪鄙，家给人足，礼备乐和，庠[①]序交兴，农桑竞劝。善师期于不阵，上将先于伐谋。未待干戈，遽清金庭之祲[②]；无劳转运，长销玉塞[③]之尘。利国安边，伫闻良算。明言政要，朕将亲览。

问：

朕闻运海抟扶，必藉垂天之羽[④]；乘流击沃，必伫飞云之楫[⑤]。是知席萝黄屋，握镜紫微，诚资献替之功，必待弼谐之助。所以轩辕抚运，遂感大风之祥；伊帝乘时，遽致秋云之兆。朕虽惭古烈，而情切上皇，未校滋泉之占[⑥]，犹虚傅野之梦[⑦]。欲使岁星入仕[⑧]，风伯来朝[⑨]，河荐萧、张之名，山降甫、申之佐，垂衣伫化，端拱仰成，多士溢于周朝，得人过于汉日。行何政道，可以至斯？思闻进善之言，以副求贤之旨。

---

① 庠（xiáng）：古代的学校。
② 金庭之祲（jìn）：指朝廷的不祥之气。
③ 玉塞：对边疆要塞的雅称。
④ 垂天之羽：比喻能给予巨大的帮助或支持的事物。典出《庄子·逍遥游》。
⑤ 飞云之楫：形容如飞云般快速的行船，引申为迅速的行动或前进。
⑥ 滋泉之占：典出《吕氏春秋》：太公钓于滋泉。指遇贤才的吉兆。
⑦ 傅野之梦：指帝王求得贤才的梦。源于商王武丁梦得傅说于傅岩荒野，后起用傅说为相，国家大治。
⑧ 岁星入仕：指贤能之人进入官场。
⑨ 风伯来朝：借风神觐见君主，暗喻政权“承天之序”，期待贤才“应时而动”，共治天下。

问：

朕闻明王阐化，感人灵之心；圣后宣风，移动植之性。遂使翔龙荐检，鸣凤司晨，兽解触邪，草能指佞。仰惟前烈，何德而臻此乎？朕逖听遂初，载钦神化，每欲反斯茕薄，景彼上皇。欲使瑞莲司庖，仙蓂候月，游四灵于翠苑，集五老于荣河。致此休征，良由政感。伫闻启沃，以副虚襟。

问：

朕闻三微递代，哲后所以承天；五运因循，明王由之革命。或金水而鳞次，应火木以环周。或寅子变正，天人之统斯辨；骊骠[①]改色，昏旦之用有殊。兹乃涣汗图书，昭彰历数。受位出震，以迄于今，莫不母子相承，终始交际。然而都君土德，翻乃尚青；天乙水行，宁宜用白？深明要旨，其义何从？若以秦氏霸基，便有符于紫色，则魏人鼎足，岂复应于黄星？缅镜前修，又以矛盾。张苍[②]之议，既颇反于公孙[③]；贾傅[④]之谈，复远乖于刘向[⑤]。子大夫学包群玉，文擅锵金，既听南史之篇，方伫东堂之问。详敷事实，靡得浮词，商榷前儒，谁为折衷。

---

① 骊骠：“骊”为黑色马；“骠”为赤色马。此处借马匹毛色象征王朝更替时“服色”的改变。

② 张苍：西汉初年的丞相。

③ 公孙：指公孙弘，西汉时期的政治家。

④ 贾傅：指贾谊，西汉时期的政治家和文学家。

⑤ 刘向：西汉时期的文学家和学者。

问：

朕以紫极暇景，青史散怀，眇寻开辟之源，遐览帝王之道。或载纪遥邈，无其处而有其名；或坟籍丧亡，有其号而无其事。将求故实，以伫多闻。至如化被柱州①，创基刑马②，两代之事谁远，五德之运何承？石楼③之都，见匪均霜之地；穷桑④之壤，元非测景之区。时将城彼偏方，惟一隅而独王；轻兹中土，弃九洛而不营。大夏之时，化臻禁甲；隆周⑤之日，道致韬戈。而七十一征，翻在凤凰之运；五十二战，更属云官之期。斯则偃伯⑥之人，无闻于太古；摧锋之弊，反息于中叶。浇淳⑦之道，名实何乖！欲令历选前圣，远稽上德，采文质之令猷，求损益之折衷。何君可以为师范，何代可以取规绳？迟尔昌言，以沃虚想。

状元卷 吴师道

臣闻栖培塿⑧者，不睹嵩泰之干云；游泞濙⑨者，讵⑩识沧

① 柱州：传说中的地方。《遁甲开山图》中提及五龙在昆仑山的柱州上。
② 刑马：古代盟誓时杀马歃血，以示信守誓言。
③ 石楼：传说中的地方。象征着一种超脱尘世、接近自然的境界，代表一种理想的隐居之地，可远离尘世的纷扰。
④ 穷桑：神话中太阳神的居所，是太阳每天升起的地方。这个传说体现了古人对太阳的崇拜和对光明的向往。
⑤ 隆周：指强盛的周朝。
⑥ 偃伯：指平息战争。
⑦ 浇淳：指社会风气的变迁。
⑧ 培塿（lǒu）：小土丘。
⑨ 濙（yíng）：水；水流环绕回旋貌。
⑩ 讵（jù）：副词。表示反诘。相当于“岂”“难道”。

溟[①]之沃日[②]。臣蒿莱弱质，衡泌鲰生[③]，未识广厦之居，安知太牢之味。不量蕞尔[④]，轻从褒然，谬达天聪，兢惶圣问。粤惟皇家出震，累叶重辉，天人归七百之期，宗祊联亿兆之庆。太宗以明一察道，括珠囊而总万方。高宗以通三御宸，转金镜而清九服。用能肃清天步，夷坦帝途，垂莫大之鸿基，托非常之元圣。伏惟皇太后陛下，道超炼石，化轶扪天[⑤]，被子育之深仁，弘母仪之博爱。星阶已正，尚虽休而勿休；宸极既安，犹损之而又损。方欲还淳返朴，振三古之颓风；缉正苍生，降四海之昌运。拔幽滞，举贤良，黜谗邪[⑥]，进忠谠[⑦]。故得鸿稽接轸[⑧]，和宇宙之阴阳；龙武分曹，节风雨之春夏。礼乐备举，学校如林，俗知廉让之风，人悦农桑之劝。犹复旁求谀议，虚伫刍荛[⑨]。既属对扬，敢陈庸瞽[⑩]。诚愿察洗帻[⑪]布衣之士，任以台衡，擢[⑫]委金让玉之夫，居其令守，则俗忘贪鄙，吏洁冰霜矣。旌好学之流，赏力田之伍，则家罕贫惰，位列文儒矣。降通亲之使，喻彼枭心，发和戎之官，收其鸡肋，则四夷左衽，颠倒

① 沧溟：大海。
② 沃日：冲荡日头。描绘水浪气势大的场景。亦形容广远。
③ 鲰（zōu）生：小生，自谦词，强调自身低微。鲰，小鱼。
④ 蕞（zuì）尔：形容小。
⑤ 化轶扪（mén）天：（太后）教化之高仿佛超越触摸天际的程度。轶，超越。扪，抚摸。
⑥ 黜（chù）谗邪：贬退谗佞奸邪之人。
⑦ 谠（dǎng）：正直，敢于直言。
⑧ 接轸：车辆相衔接而行。形容人才济济。
⑨ 刍荛（ráo）：割草采薪之人或浅陋的见解（自谦）。这里指来自基层的建议。
⑩ 瞽（gǔ）：盲人。引申为见识浅陋，这里是进言者自谦之辞。
⑪ 帻（zé）：古代包扎发髻的巾。
⑫ 擢（zhuó）：拔取；提升。

来王，三边元恶，讴谣仰化矣。自然笼羲驾昊，六五帝而四三皇；远肃迩[1]安，飞英声而腾茂实。谨对。

臣闻立极膺乾之君，当宁御坤之主，欲臻至道，将隆景化，莫不旁求俊彦，广命英奇，凝庶绩以安人，绥万邦而抚俗。是故轩丘膺箓[2]，委四监以垂衣；丹陵握图，举八元而光宅。于是齐桓拟之于飞翼，殷武兴之以羹梅，克赞人谋，实宣神化。陛下功包邃古，道逸上皇，授受惟明，谋谟克序。弼辅之任，总风力于前驱；燮[3]理之司，列伊周于后乘。振鹭翔鸾之客，毕凑天阶；乘箕降昴[4]之英，咸趋日路。且犹虚心卜兆，托想旁求，冀山谷之无遗，庶贤良之毕萃。俯访愚鲁，敢述明扬。诚愿发德音，下明诏，咨列岳，访群公。举尔所知，不遗于侧陋；知人不易，无轻于慎择。下僚必录，上赏频沾，则叶县游龙，自九天而下降，燕郊骏马，赴千金而遥集。汉未为得，周岂能多，尽善尽美，于斯为盛。谨对。

臣闻化浃乾枢，景纬呈其灵贶[5]；泽周坤络，卉木效其祯祥。是以若雾非烟，必应文明之后；九茎三秀，允符光宅之君。陛下应期纳箓，抚运登皇，孝道格于玄穹，仁心光于紫极。自临

① 迩（ěr）：近。
② 膺箓：谓帝王承受符命。
③ 燮（xiè）：调和，协和。
④ 乘箕降昴：“箕”和“昴”都是星宿名。喻杰出人才下凡。
⑤ 灵贶（kuàng）：神灵赐福。

万域，辑御群方，灵瑞屡臻，休征荐至。五蹄仁兽，乐君囿[①]而来游；六象威禽，拂帝梧而萃止。岂直银黄玉紫，雉白乌丹，翻鄗[②]上之二稃，拔江间之三脊。固亦巡河受检，拜洛[③]披图，降五老于星躔[④]，归四神于云路。盛矣美矣，巍乎焕乎！躏三五以腾徽，吞八九而高视。尚且崇谦让之道，守冲㧑[⑤]之德，抑斯天瑞，访此人谋。陛下虽不宰其成功，微臣亦不知其所谓。谨对。

臣闻方圆既阙，帝王斯建，四游将六气交驰，五德与三微递变。自摄提著纪，出震登皇，循木火而相承，用骊骠而继作。虽复武功文德，揖让干戈，御旒扆[⑥]以高居，握图箓而深视，莫不垂天人之统，顺寅子之正。始终之际，何莫由斯。暨乎运偶都君，时云土德，道钟天乙，数叶水行，子胜母而尚青，母生金而尚白。略言其美，斯穷奥旨。至若秦居闰位，紫实非正之符；魏得中区，黄标应星之纪。未有矛盾，允惬随时。汉祖承天，人多异议，张苍言水而黑畤[⑦]方兴，公孙据土而黄龙复应。逮二刘之父子，推五运之相沿，较彼前谈，斯为折衷。臣学非博古，识昧知新，

① 囿（yòu）：古代帝王饲养禽兽以供观赏的园林。
② 鄗（hào）：地名。刘秀在此登基称帝，重建汉政权，史称东汉。这个地方承载着祥瑞、天命所归等象征意义。
③ 拜洛：指拜祭洛水，是武则天举行的一场盛大且具有政治象征意义的仪式，彰显其执政的合法性和天命所归。
④ 星躔（chán）：日月星辰运行的度次。
⑤ 冲㧑（huī）：谦逊；退让。
⑥ 扆（yǐ）：古代宫殿内门和窗之间的大屏风。
⑦ 畤（zhì）：古代祭祀天地五帝的处所。

轻陈管穴之窥，猥奉天人之问。惭惶靡地，悚越兼深。谨对。

臣闻一剖为三，始鸿蒙于太易；九变于七，渐茫昧于无为。既分清浊之仪，乃列君臣之位。则有天皇首出，瞰柱州而宅土；地皇革命，俯刑马以开都。年匪异于万八千，号稍殊于七十二。既云木德，亦曰火行。开于天地之初，录自帝皇之纪。至若石楼远界，穷桑延壤，非万邦之土中，为二代之天邑。斯乃时犹鷇[①]饮，道尚鹑居，谁知风雨之均，能建皇王之宅。亦分长于九域，岂独王于偏方。乃观象垂衣，化穆羲、轩之代；剪商伐扈[②]，人浇周、夏之年。而皇德方隆，未弭战争之患；王道才著，复存韬偃之日。是则怀柔伐叛，取乱侮亡，虽钟大道之行，终伫胜残之战。是故劣于太古，非事优于中代。陛下选芳列辟，垂范千年，王化既平，能事斯毕。亦何必损益今辰之政，师谟往圣之规。抚和琴而促柱，御夷途而止辙，因循勿失，臣谓其宜。谨对。

① 鷇（kòu）：须母鸟哺食的雏鸟。
② 伐扈（hù）：有扈氏是夏朝时期的一个部落。夏启继承王位后，有扈氏不服，发生了一场战争，即甘之战。伐扈即此次征讨事件。

文化常识

知识点	解读
浑仪	一种古代中国的天文观测仪器，主要用于测量天体的位置和运动，是古代天文学家研究天体运行规律的重要工具。浑仪由多个同心圆环组成，这些圆环代表了天球的不同坐标系，如赤道、黄道等。通过调整这些圆环的位置，可以精确地测量出天体的赤经、赤纬等坐标。它体现了中国古代天文学家对宇宙秩序的探索和理解，是中国古代科技成就的代表之一。在文学作品中常被用来比喻事物的复杂性和多样性，如“浑仪万象”等成语。
黄帝（轩辕）	中华民族的始祖，传说中的三皇五帝之一。“大风之祥”与其得风后的传说相关，象征着吉祥和领导力。
商汤（伊帝）	商朝的开国君主，与“秋云之兆”相关。秋天是收获的季节，预示着繁荣昌盛之时代的开始。
萧何、张良	汉朝的开国功臣，象征着智慧和忠诚。
申伯、甫侯	周朝的贤臣，代表着贤能和辅佐。
张苍、公孙弘、贾谊、刘向	他们都是西汉时期学识渊博的著名政治家、文学家，他们的观点和论述在古代文学和政治理论中占有重要地位。
金庭、玉塞	分别指代朝廷和边疆，常用于比喻国家的中心和边界。
柱州、石楼、穷桑	这些都是古代传说中的地名，常用于文学作品中，以增加神秘色彩。

续表

知识点	解读
三微	指天、地、人三才。中国古人认为这三者是构成宇宙和人类社会的基本要素，相互之间有着密切的关系和影响。
五运（五行）	这是中国古代哲学中描述宇宙间事物运动变化规律的一种理论，五行包括金、木、水、火、土五种元素，它们之间存在相生相克的关系，被认为是宇宙万物生成和变化的基础。
三微、五运	涉及古代的宇宙观和政治哲学，认为三才和五行的运行影响着国家的治理和命运。
垂衣、端拱	比喻君主的无为而治，是一种理想的治理状态。
庠序	古代的学校，象征着教育和文化传承。序是地方设置的学校。
左衽	在西周时期，常被视为蛮夷之邦的标志。指衣服前襟向左掩，与中原地区右衽相对。另外，在汉族传统习俗中，死者之服用左衽，以示阴阳有别。随着中华民族多元一体格局的形成，以服饰左右衽来区分“华夷”的观念逐渐退出了历史的舞台。

唐睿宗永昌元年（689）己丑科

张柬之

（625—706）

字孟将，襄阳（今属湖北）人，汉留侯张良之后。永昌元年（689）贤良方正科第一名。幼习诗书，博通经史，尤精三礼。早年进士及第，踏入仕途，却官运不济，年至六十五仅任青城县丞。

永昌元年（689），武则天为延揽人才，除开进士科取八人（姓名皆失考），又开贤良方正、明堂大礼二科。张柬之应试贤良方正科，初落第，后因武则天嫌取士太少命重考，张柬之一举夺魁。

张柬之得狄仁杰举荐，先后升任洛州司马、秋官侍郎。后又得姚崇推荐，于长安四年（704）拜相。

然其心系李唐，神龙元年（705）趁武则天病重，发动政变，诛张易之兄弟，迫武氏还政中宗，复唐国号。张柬之因功被中宗再拜为相，封汉阳郡王。后受武三思排挤，被贬为新州司马，忧愤而卒。终年八十二岁，谥文贞。有《张柬之集》十卷传世。

太后：唐天顺圣皇太后武则天

问：

朕闻体国经野，取则于天文；设官分职，用力于人纪。名实相副，自古称难；则哲之方[①]，深所不易。朕以薄德，谬荷昌图[②]，思欲追逸轨[③]于上皇，拯群生于季俗[④]，澄源正本[⑤]，式启惟新[⑥]。俾用才委能，靡失其序[⑦]，以事效力，各得其长[⑧]。至于考课之方[⑨]，犹迷于去取；黜陟之义[⑩]，尚惑于古今。未知何帝之法制可遵，何代之沿革可衷？此虽戋戋束帛[⑪]，每贲[⑫]于丘园[⑬]；翘翘错薪，未获于英楚。并何方启塞[⑭]，以致于兹？伫尔深谋[⑮]，朕将亲览。

---

① 则哲之方：选拔贤能的方法。
② 昌图：昌盛的帝业。
③ 逸轨：指前代帝王的高超风范。
④ 拯群生于季俗：在末世的不良风俗中拯救百姓。
⑤ 澄源正本：澄清源头，端正根本。
⑥ 式启惟新：开启新的局面。
⑦ 俾（bǐ）用才委能，靡失其序：使有才能的人担任合适的职务，不失去应有的秩序。
⑧ 以事效力，各得其长：根据事务的需要发挥效力，各自发挥自己的长处。
⑨ 考课之方：古代对官吏政绩的考核。
⑩ 黜陟之义：官吏进退升降的原则。
⑪ 戋（jiān）戋束帛：指用微薄的赏赐礼聘贤士。戋，细微；少。
⑫ 贲（bì）：文饰；装饰。
⑬ 丘园：丘墟，园圃。多指隐士居住的地方。
⑭ 并何方启塞：究竟用什么方法来开启贤路，堵塞邪门。
⑮ 伫尔深谋：期待你的深思熟虑。

问：

朕闻轨物垂训，必随正于因生[①]；开国承家，理崇光于敦本[②]。故七叶貂珥[③]，表金室[④]之荣；十纪羽仪[⑤]，峻班门之躅[⑥]。保姓[⑦]受氏，义先于睦亲；翼子谋孙，事隆于长发[⑧]。朕以寡昧，叨奉先灵，坠典咸新[⑨]，遗章毕睹。思欲甄明谱系，澄汰簪裾，派别淄、渑，区分士庶。至如陈、田互出，虢、郭俱开。柬暂改汉传之宗，辅果易晋卿之号。巨君[⑩]之姓，曾非驭鹤之苗[⑪]；元海[⑫]之家，谅非扰龙之族。永言纰谬，良用怃然[⑬]。子大夫十室推英[⑭]，三冬富学[⑮]，允迪裒然之举，宣扬锵尔之词[⑯]。至若北郭、南宫，本因何义？三乌、五鹿，起自何人？公孙之由，司马之姓，咸加辨析，且显指归[⑰]。

---

① 正于因生：顺应自然的法则。
② 敦本：重视根本。
③ 七叶貂珥：连续七代担任高官显贵。后世常用此典故来形容家族世代显贵。貂珥，古代侍中、常侍之冠，因插貂尾为饰，故称貂珥，借指帝王贵近之臣。
④ 金室：指皇家。
⑤ 十纪羽仪：历经十代传承，始终保持高尚的德行和显赫的地位，成为社会的楷模。
⑥ 峻班门之躅（zhú）：指在某个领域中，树立了崇高的榜样或标准。
⑦ 保姓：保有家族姓氏。
⑧ 长发：祖先有明德、享国长久。
⑨ 坠典咸新：废弃的典章制度都重新恢复。
⑩ 巨君：巨君是王莽的表字。
⑪ 曾非驭鹤之苗：并非仙人的后代。
⑫ 元海：一般指刘渊，字元海，他是十六国时期汉赵的开国皇帝。
⑬ 良用怃（wǔ）然：深感困惑。怃，怅然失意貌。
⑭ 子大夫十室推英：在十户人家中推举出优秀人才。
⑮ 三冬富学：多年积累的学问。
⑯ 宣扬锵尔之词：传播响亮的言辞。
⑰ 指归：宗旨或意象所在。

式副对扬[1]，朕将亲览。

贤良方正科第一名试卷 张柬之

臣对：

臣闻仲尼之作《春秋》也，法五始之要，正王道之端，微显阐幽，昭隆大业。瀍、洛之功[2]既备，范围之理[3]亦深。伏惟陛下，受天明命，统辑黎元[4]，载黄屋[5]，负黼扆[6]，居紫宫之邃，坐明堂之上。顺阳和以布政[7]，摄三吏[8]而论道，雍容高拱[9]，金声玉振[10]。征求无厌[11]，误及厮贱[12]。微臣材朽学浅，诚不足以膺严旨，扬天休。虽然，敢不尽刍荛，罄狂瞽[13]，悉心竭节，昧死上对。

---

① 式副对扬：以适当的方式回应。
② 瀍（chán）、洛之功：瀍水、洛水所在的洛阳地区相关功绩，此处指代都城各方面所取得的成就。
③ 范围之理：指规范和治理的法则。
④ 统辑黎元：统率和治理百姓。
⑤ 载黄屋：指帝王乘坐御驾。黄屋为天子车制，以黄缯覆盖。
⑥ 黼（fǔ）扆：皇帝宝座后的屏风，上有斧形图案。
⑦ 顺阳和以布政：顺应春季阳气调和之时颁布政令。
⑧ 三吏：三公，官名合称。
⑨ 雍容高拱：形容帝王端坐朝堂、垂拱治国的从容之态。
⑩ 金声玉振：以礼乐演奏，喻指道德学问集大成者，特用于赞誉圣贤或学术宗师。
⑪ 征求无厌：指过度地搜罗人才而不知满足。
⑫ 厮贱：身份卑微的人。
⑬ 狂瞽（gǔ）：谦辞，指愚昧无知。

臣闻天者，群物之祖，王者受命于天，故则天而布列职。天生蒸民[①]，树之君长，以司牧之[②]，自非聪明睿哲，齐圣广渊[③]，不能使人乐其生，家安其业。陛下德自天纵，慈悯元元，既乐其生，且安其业。臣闻瑞者，上天所以申命人主也。故使麒麟游于囿，凤凰集于庭，庆云出，神龙见。其余草木烟露之祥，不可胜记。陛下日慎一日，虽休勿休，故天申之以祯石[④]，告之以神文[⑤]。大矣哉！圣人之鸿业也。

臣闻河图、洛书之不至也久矣。孔子曰："凤鸟不至，河不出图，吾已矣夫。"师说曰："圣人自伤己有能致之资，而天不致也。"陛下有能致之资而天蕴者，所以扶助圣德，抚宁兆人也。臣观今朝廷含章赡博[⑥]之士，鲠言正议[⑦]之臣，陛下诱而进之，并践丹地[⑧]，伏青规，颙颙昂昂[⑨]，云属雾委[⑩]，鸾骞凤振[⑪]，佩金鸣玉，曳珠绂，扬翠緌，充牣[⑫]于阶庭者矣。昔舜举十六相，去四凶人，有大功二十，而为天子。前史美之，称曰尽善尽美。虽甚盛德，无以加此。陛下彰善去恶，昭德塞违，

---

①蒸人：泛指百姓。
②司牧之：管理百姓。
③齐圣广渊：四种美好的德行。
④祯石：吉祥的石头。
⑤神文：神灵的文字。
⑥含章赡博：包含美质，丰富广博。
⑦鲠言正议：直率地言说，公正地议论。
⑧丹地：通常指宫殿中涂成红色的地面，用以指朝廷。
⑨颙（yóng）颙昂昂：形容体貌庄重恭敬，气概轩昂。
⑩云属雾委：形容人才众多。云属，接连不断。雾委，沛然四塞；充盛貌。
⑪驾骞凤振：形容气势盛大。
⑫充牣：充满。

万万于虞舜。自托薄德，愚臣何足以望清光，而敢有议哉！

制策曰：“思欲追逸轨于上皇，拯群生于季俗，澄源正本，式启惟新。”臣闻善言古者，必考之于今；善谈今者，必求之于古。臣窃以当今之务而稽之往古，以往古之迹而比之当今，以为三皇神圣，其臣不能及。故于亲之。陛下刊列格，正爰书[①]，修本业，著新诫，建总章以申严配，置法匭以济穷冤，此前圣所不能为。非群臣之所及也。今朝廷之政，上令下行，如身之使臂，臂之使手。百僚师师，罔不咸乂。此群臣之能奉职也。《书》曰：“元首明哉，股肱良哉[②]，庶事康哉。”故臣以为陛下有三皇之位，而能隆三皇之业也。

臣以今之刺史，古之十二牧也。今之县令，古之百里君也。有官联焉，有社稷焉，可谓重矣。任非其材，其害亦重矣。昔周宣王欲训其人，问于樊仲[③]曰：“吾欲训人，诸侯谁可者？”仲曰：“鲁侯肃恭明神，敬事耆老，必咨于故实，问于遗训”乃立之。晋之名臣亦言，舍人、洗马，一时之高选，台郎、御史，万邦之俊哲。若出于宰牧[④]，颂声兴矣[⑤]。由此言之，则古牧州宰县者，不易其人也，自非惠训不倦，动简天心者，未可委以五符之重，百里之寄。

今则不然，多以门资擢授，或以勋阶莅职，莫计清浊，无

① 刊列格，正爰书：修订法令，纠正文书。这里的文书指古代记录人犯供词的文书。
② 股肱（gōng）良哉：指辅佐帝王的臣子贤良。
③ 樊仲：指樊仲甫，古代贤臣。
④ 宰牧：宰相与州牧的并称，泛指高官。
⑤ 颂声兴矣：指地方治理得好，百姓歌颂。

选艺能。负违圣诫[①]，安肯肃恭明神？轻理慢法，安肯敬事耆[②]老？取舍自便，安能求之故实？举错纵欲，安能问之遗训？选异一时之高材，非万邦之俊杰。于是多其仆妾，广其资产，齿角两兼，足翼双备，蹈瑕履秽[③]，不顾廉耻，抵网触罗[④]，覆车相次[⑤]。孔子曰："既得之，患失之。苟患失之，无所不至矣。"故臣以为陛下有三皇之人，无三皇之吏也。

制策曰："俾用才委能，靡失其序，以事效力，各得其长。至于考课之方，犹迷于去取；黜陟之义，尚惑于古今。未知何帝之法制可遵，何代之沿革斯衷？"臣闻皇王之制，殊条共贯[⑥]，虽有改制之名，无不相因而立事。孔子曰："殷因于夏礼，所损益可知。周因于殷礼，所损益可知。其或继周者，虽百代可知也。"然则虞帝之三考黜陟，周王之六廉察士，虽有沿革，所取不殊，期于不滥而已。陛下取人之法甚明，考绩之规甚著。臣以为犹舟浮于水，车转于陆，虽百王无易也。今丘园已贲，英楚云集，启塞之路，岂愚臣所能轻云也。谨对。

臣闻保姓受氏，明乎典训。或因地以赐姓，或因官而命氏。或官以代功，亦以官族。或所居之地，因以为氏。诸侯之子称为公子，公子之子称为公孙，公孙之子乃以其王父字为氏。后

---

① 负违圣诫：违背圣人的教诲。
② 耆（qí）：古称六十岁曰耆。亦指长寿。
③ 蹈瑕履秽：形容行为不端。
④ 抵网触罗：形容触犯法律。
⑤ 覆车相次：形容失败接踵而至。
⑥ 殊条共贯：不同的条文，共同的原则。

代因之，亦以为姓。田、陈、虢、郭，以声近而遂分；辅果、束皙，以避难而更改。王莽以田王为氏，元海因汉甥立族。骚括分南北之号，充宗为五鹿之先。应氏著书，具表三乌之始①。司马、司徒，是曰因官。公孙、叔孙，《春秋》备载。

陛下尽六艺之英②，穷百代之要③，淑问扬天地④，玄情贯幽显⑤。黄竹清歌，词穷五际；白云高唱，文苞万象。昔曹门二祖，道愧由庚；刘氏四叶，仁非解愠。岂若睿思琼敷⑥，同雨露之沾渐⑦；神机苕发⑧，等曦望之照临⑨。起帝典⑩而孤立，孕皇坟⑪而独秀。臣沐浴淳和，叨承至训，名闻于圣听，言奏于阙前。谨对。

---

① 具表三乌之始：详细记载了三乌的起源。
② 尽六艺之英：精通六艺的精华。
③ 穷百代之要：穷尽历代的要旨。
④ 淑问扬天地：美好的声誉传遍天地。
⑤ 玄情贯幽显：高尚的情操贯穿于显赫与隐晦之间。
⑥ 琼敷：睿智的思考如同美玉般绽放。
⑦ 同雨露之沾渐：如同雨露滋润万物。
⑧ 苕（tiáo）发：形容迅速、突然发作。
⑨ 等曦望之照临：如同日月的照耀。曦，指太阳。望，在古代天文学术中指满月这一月相，这里代指月亮。
⑩ 帝典：指《尚书》中的《尧典》和《舜典》。
⑪ 皇坟：指《三坟书》。

文化常识

知识点	解读
制科	唐代制科是由皇帝临时设置的考试科目，目的是选拔特殊人才。哲人奇士、手笔俊拔、文藻宏丽、贤良方正四科是唐代制科的一部分。哲人奇士科，选拔有卓越智慧和奇特才能的隐逸贤才；手笔俊拔科，因需要撰写有感染力的文章来宣扬国威而生，注重文章的气势和力度；文藻宏丽科，考察辞章华美与思想深度；贤良方正科，要求德才兼备、敢于直谏，属唐代重要制科。唐代制科的考试科目根据不同时期皇帝的需求和政治形势而有所变化，如还有博学宏词科、才堪经邦科、高蹈丘园科等。
秋官侍郎	武则天改制时将刑部改称秋官，侍郎为副长官。秋官，上古官名，掌刑狱。
汉阳郡王	唐代异姓封王多取郡名为封号。
神龙政变	指张柬之联合大臣迫使武则天退位、恢复李唐国号的关键事件。政变成功标志着武周政权终结,反映唐代前期复杂的政治博弈。
文贞	唐代文臣美谥，取“经天纬地曰文，清白守节曰贞”之意。
上皇	本文中指上古的圣君，如尧、舜等。在古代儒家等思想体系中，他们被视为理想的统治者，具有高尚的品德、卓越的才能和伟大的功绩。
虞舜	舜帝，上古时期的圣君，号有虞氏，史称虞舜。在他统治期间，天下大治，百姓安居乐业。

续表

知识点	解读
舜举十六相，去四凶人	舜帝选拔十六位贤臣，流放四人。十六相，指八恺、八元，他们各有才能，在舜的领导下各司其职，共同辅佐舜治理国家，使天下大治；四凶，据说为饕餮、混沌、梼杌、穷奇。
刺史	始于西汉，负责监察地方官员，维护地方治安和财政管理。刺史的权力在不同时期有所演变。东汉后为地方行政长官。
十二牧	传说中舜时十二州的长官，负责地方的管理和治理。
保姓受氏	指古代贵族通过继承姓氏来维护家族传承和祭祀传统，确保家族血脉和祭祀不断绝。
因地以赐姓	因居住地而被赐姓。
因官而受氏	因担任官职而获得姓氏。
官以代功，亦以官族	根据一个人的功绩大小来授予相应官职，也以官职作为族称。
所居之地，因以为氏	以居住地的名称作为姓氏。
王父字为氏	以祖父的字作为姓氏。
陈、田互出	陈姓和田姓相互转换。陈国公子陈完因国内动乱避祸奔齐，改姓田，其后代在齐逐渐显贵，最终代齐。

续表

知识点	解读
虢、郭俱开	虢国灭亡后，后裔以国为氏，因“虢”“郭”古音同，并随着地域变迁等因素，逐渐分化为虢氏和郭氏。
束皙改汉传之宗	束皙，西晋人，在学术文化方面有重要贡献。他曾对汲冢书进行整理注释，使许多古代典籍得以重见天日，为文化传承和学术研究提供了宝贵资料。
辅果易晋卿之号	辅果原名智果，春秋时晋国大夫，因其宗主智伯瑶刚愎自用，恐智氏将有大祸，便率其家人别族于辅氏。
王莽以田王为氏	王莽家族本为田齐后裔，其先祖田安被项羽封为济北王，项羽败后，田安子孙为纪念王族身份改姓王。
元海因汉甥立族	刘渊，字元海，匈奴族首领。因其先祖与汉朝公主通婚，遂以汉朝外甥自居。他建立政权后，为彰显正统性，追尊蜀汉后主刘禅为奉怀皇帝，以汉之继承人立族，建汉赵政权。
充宗为五鹿之先	五鹿氏是古老的复姓，有一种说法为充宗是五鹿一姓的祖先。
司马、司徒	司马、司徒都是古代重要的官职，后来这些官职名称逐渐演变为姓氏。
公孙、叔孙	古代姓氏，《春秋》中有详细记载，为研究古代姓氏演变和家族历史提供了文献依据。
曹门二祖	指曹操和曹丕。曹操奠定了曹魏政权的基础，曹丕废汉称帝，正式建立魏国。他们父子二人在曹魏政权的建立过程中发挥了关键作用。

续表

知识点	解读
刘氏四叶	指刘备、刘禅等四代，用来概括蜀汉政权中刘备及其主要后代的传承关系。
派别淄、渑	淄水和渑水是两条不同的河流。传说，春秋时期齐国的易牙能够分辨出淄水和渑水混合后的味道。在本文中用来比喻要像区分淄水和渑水那样清晰地辨别、区分“士”和“庶”。
区分士庶	在古代，士是贵族阶层的最低等级，后来也指有文化、有知识的读书人，而庶民则是普通百姓。士庶之分体现了社会阶层的差异，包括在政治、经济、文化等方面的不同地位和待遇。
门资擢授	在古代，门第出身对一个人的仕途有着重要影响。门资擢授就是指凭借家族的门第、声望和地位来获得官职的提拔和任用，这是九品中正制等选官制度下的一种现象。
勋阶莅职	通过建立功勋来获得相应的官阶和职位的制度。这是一种激励机制，也是选拔人才的一种途径，鼓励人们为国家和社会作出贡献，以战功、政绩等功勋来换取官职和荣誉。
体国经野	指建设国都，管理郊野。出自《周礼》。
轨物垂训	指规范事物，留下训诫，为后世提供行为准则和规范。出自《晋书》。
开国承家	指建立邦国，继承封邑，通常用于形容诸侯或卿大夫受封建国，传承家族的荣耀和基业，象征着国家和家族的传承。出自《周易》。
紫宫	紫宫本指星官名，在古代天文学中，被视为天帝居住的地方。后来，“紫宫”指代皇宫，形容皇宫的深邃、宏伟和神秘，象征着皇家的威严和至高无上的地位。

续表

知识点	解读
明堂	古代帝王宣明政教的地方，凡朝会、祭祀、庆赏、选士、养老、教学等大典，均在此举行。
《春秋》	孔子修订的鲁国编年史，为中国古代儒家经典之一，具有极高的历史和文化价值，对研究先秦历史、文化、政治等方面有着重要的意义。
五始	《春秋》开篇对于时间、人物、事件等要素的特定表述方式，以“元年”为时间起点，“春”为季节开端，“王”表明正统，“正月”明确月份，“公即位”确定人物和关键事件。
应氏著书	应氏即应劭，著有《风俗通义》等书，在书中对诸多姓氏的起源等进行了考证和记载，是研究古代姓氏文化等方面的重要资料。
河图、洛书	《易·系辞上》：“河出图洛出书。圣人则之。”传说伏羲氏时，有龙马从黄河出现，背负“河图”；有神龟从洛水出现，背负“洛书”，伏羲根据“图”“书”画成八卦，就是后来《周易》的来源。一说“洛书”即《洪范》。
佩金鸣玉	在古代，佩戴金玉饰品不仅是一种装饰，更具有礼仪文化的象征意义。不同身份、地位的人佩戴的金玉饰品在材质、形制等方面有严格规定，以此体现等级差别和礼仪规范。
黄竹	古诗篇名，见《穆天子传》。《文选》载南朝谢惠连《雪赋》：“岐昌发咏于来思，姬满申歌于黄竹。”

武周圣历元年（698）戊戌科

冯万石

（生卒年不详）

冯万石，生卒年、籍贯无考。据记载，他聪颖过人，才艺冠群。先后举七科，皆为第一：

圣历元年(698)戊戌科共取进士二十二人，冯万石为状元。

大足元年(701)举疾恶科；

神龙二年(706)举才高位下科；

景云二年(711)举怀能抱器科；

开元元年(713)举怀能抱器科；

开元六年举超拔群类科；

开元十三年举拔萃科；

开元十六年举拔萃科。

皇帝：武则天

问：

玄龟效祉，鼎命昭夏王之祚；赤乌呈祥，金德总商君之业。白鱼跃而周道隆，丹雀来而秦德霸。殷因夏礼，损益可知；秦盛周衰，天人何昧？若水灭火起，殷周之运匪人；若桀暴纣昏，废兴之期自我。然而，龙斗兴于夏日，鼋[①]妖发于周年，灾祥兆于前成，荒败兴于后政。荡荡之德，何所加焉？伫尔扬名，为余张目。

状元卷　冯万石

臣对：

臣闻天地草昧，洪钧列五运之期；云雷始屯，大德分一人之位：莫不时来命偶，人迪天将。白环昭虞后之功，元圭锡[②]夏王之德，空桑负鼎，谒为牲之君；渭水张罗，得非熊之相。伏惟陛下化光坤载，道叶乾行，总五气以发生，笼百王而亭育。粤若稽古，推历数之存亡；感而遂通，酌天人之符命。明扬侧陋，典采刍词，开阐大猷[③]，旁求雅问。则天文幽远，诚匪管窥；

① 鼋（yuán）：大鳖。俗称癞头鼋。
② 锡：赐予。
③ 猷（yóu）：谋略；计划。

然人事昭彰，敢陈壅塞？原夫兴亡有数，符命无差，遽[①]启丹书，俄[②]回白璧。君臣道合，则遐迩乂安；上下情乖，则邦家板荡。水火革而天人顺，暴虐行而桀纣亡，百六为霖旱之灾，七九非汤尧之运。历数斯在，惟德动天，祸福无门，惟人所召。故德者五行之义也，人者两仪之心也，人心动而悔吝生，德义形而阴阳谢。必乘金运，则殷不及于期；果历木行，则周不及于数。龙斗鼋袄之发，人与事并；白鱼丹雀之符，德将时应。神道设教，金土之运匪他；人文化成，狂圣之来是我。荡荡之德，何敢不通？翼翼之心，奚施不可？天也人也，听匪克分；时乎命乎，昭潍眉辨。臣优柔理道，杳同河汉，或跃文江，惧深冰谷。谨对。

---

① 遽（jù）：开，打开。
② 俄：短暂的时间，一会儿。

文化常识

知识点	解读
祯祥与妖孽	“国家将兴，必有祯祥；国家将亡，必有妖孽”是中国古代传统的灾祥观念。祯祥即吉祥的征兆，如出现奇异的天象、罕见的祥瑞之物等，被认为是国家兴盛的预兆；妖孽则是不祥的征兆，如自然灾害、怪异的现象等，预示着国家的衰败。但文中也指出灾祥并非绝对对应国家的兴衰，“明时不能无灾，乱代或闻有瑞”，说明灾祥现象具有一定的复杂性，可能是上天对君主的一种警示，促使君主反思自己的德行和政策。
灾害成因	文中认为水旱灾害有大小之分，“大者由运，小者由人”。由运，由阴阳的定数、天道的运行规律导致的灾害，如唐尧九年之水、殷汤七年之旱，这类灾害难以改变；由人，则是由于君主失道，如兵戈不息、刑罚不当等导致的灾害，这类灾害可以通过君主改正错误、修德理政来加以改变。

陶　翰

（生卒年不详）

唐代诗人。字号不详。润州（今江苏镇江）人。官宦之家出身。

开元十八年（730）进士及第，连登博学宏词、拔萃二科，授华阴丞。天宝中入朝任大理评事，官礼部员外郎。

他工诗善赋。其边塞诗，多为古意苍劲之悲壮风格，与当时诗人高适、岑参、王之涣等人诗风相近，为当时所称。如《出萧关怀古》《古塞下曲》等。

北宋欧阳修的《新唐书·艺文志》著录有《陶翰集》。

皇帝：唐玄宗李隆基

试题：

冰壶赋

以“清如玉壶冰，何惭宿昔意”为韵。

状元卷　陶翰

冰壶赋

惟冰也有坚凝之贞，惟壶也有虚受之明。谢周流之弱质，托熔铸以成名。直方任器①，规圆惬情②。对光辉而比色，固击扣而驰声③。冰假壶以为用，壶含冰而转清。及夫懽呈朝晏之余④，瑞表经纶之初⑤，尤荀吴之失对，陷王羁⑥之后车。既遇赏以为乐⑦，乃获成于所如⑧。但观夫推移在道⑨，澄澈如玉，

① 直方任器：形容壶体端正方正，可以作为盛器使用。
② 规圆惬情：形容壶体规整圆润，符合人的审美情感。
③ 击扣而驰声：指轻击壶体时发出清脆的声音。
④ 呈朝晏之余：指在朝会宴饮之余呈现。
⑤ 瑞表经纶之初：指在筹划国家大事之初显示祥瑞。
⑥ 羁（jī）：异体字，同“羁”。
⑦ 既遇赏以为乐：既然遇到赏识就感到快乐。
⑧ 获成于所如：在所去之处获得成功。
⑨ 推移在道：随自然规律或时势变迁。

时见莹而则明[①]，或将摧而不曲[②]。故曰冰贵于水，器尊者壶。国因时而必用[③]，军每击而何虞[④]。若乃周将酬客[⑤]，鲁欲藏冰[⑥]，揖籍父其何忌，顾申丰而可凭。是以用之者广，须之者多。遇薛鼓而击，诵《豳[⑦]》诗而何。至时冰销滴润，壶罄成酣，乃挟纩以荷德[⑧]，岂知漏而兴惭[⑨]。昔者赵衰从径，魏主其逐。虽有馁而仍携[⑩]，顾无麋而未宿[⑪]。每览余轨，当思践迹。志未吐于平生，容已衰于畴昔。傥开冰之可荐[⑫]，庶投壶而无斁。况霜空且寒，晚景仍坠。虽杼轴而不辍[⑬]，犹仿佛而无记。将投皎洁之姿，愿假含容之意。

---

① 莹而则明：明亮而有光泽。
② 摧而不曲：即使被摧毁也不会弯曲。
③ 国因时而必用：国家因时势需要而必定使用。
④ 军每击而何虞：军队每次发起进攻时没有什么可忧虑的。
⑤ 周将酬客：指周朝要款待酬谢客人。
⑥ 鲁欲藏冰：鲁国想要储藏冰块。
⑦ 豳（bīn）：古代地名。
⑧ 挟纩以荷德：披着棉衣感念恩德。
⑨ 岂知漏而兴惭：不知不觉间时间悄然流逝，直到意识到更漏已尽、时光过去，生出虚度时光的惭愧之感。
⑩ 虽有馁而仍携：即使自己挨饿仍携食济人。
⑪ 顾无糜而未宿：看没有粥食便不停留。
⑫ 傥开冰之可荐：如果能开启冰窖来进献。
⑬ 虽杼轴而不辍：即便织机已空仍不停劳作。

文化常识

知识点	解读
冰壶	在中国古代，冰壶主要是一种象征高洁、纯净品德的意向。
投壶	起源于西周时期，是宴会上的一种娱乐活动。参与者将箭投入壶中，以投中的多少来决定胜负。
《豳风》	是《诗经》十五国风之一，共七篇，主要反映了周代豳地（今陕西彬州、旬邑一带）的风土人情和社会生活。
荀吴	春秋时期晋国大夫，中行氏成员，谥“穆”，史称中行穆子。文中“尤荀吴之失对”化用《左传》“数典忘祖”典故，但历史记载中该典故主角实为荀跞（智文子）。陶翰或因笔误、宗族混淆等原因，将典故人物记为荀吴。
赵衰	春秋时期晋国的大夫，曾跟随晋文公出逃，是晋文公的重要辅佐之一，以忠谨著称。

张　濯

（生卒年不详）

籍贯、生平皆无考。

德宗建中二年(781)客游洛阳、蒲州。其后行迹无考。

事迹在《唐诗纪事》卷二八中可见。《全唐诗》收录了他的两首诗作。

皇帝：唐肃宗李亨

试题：

迎春东郊诗

状元卷 张濯

迎春东郊

颛顼时初谢，勾芒令复陈。
飞灰将应节，宾日已知春。
考历明《三统》，迎祥受万人。
衣冠宵执玉，坛墠[①]晓清尘[②]。
肃穆来东道，回环拱北辰。
仗前花待发，旂[③]处柳凝新。
云敛黄山际，冰开素浐滨。
圣朝多庆赏，希为荐沉沦。

---

① 坛墠（shàn）：祭祀的场所，指祭坛。
② 晓清尘：拂晓时清扫祭坛，表示对祭祀的恭敬。
③ 旂（qí）：同"旗"，指有铃铛的旗子。

文化常识

知识点	解读
颛顼与勾芒	颛顼是冬神，勾芒是春神，二者代指季节更替。
飞灰测节气	源自“候气法”，属阴阳家学说，将十二律管与月份对应，灰飞标志节气变化。
迎春东郊	周代起，帝王立春率百官至东郊祭青帝、勾芒，祈求农事丰稔。诗中“衣冠宵执玉”写官员持玉礼器夜备祭典。
宾日之礼	迎日仪式体现“敬天授时”思想，太阳象征君权天授，与“拱北辰”呼应帝王权威。
《三统历》	西汉刘歆整合夏、商、周历法所著，以黑、白、赤三统循环解释历史更迭。
黄山与素浐	黄山指长安东南的黄山宫，素浐为长安近郊河流。二者点明迎春地点，展现唐代长安城郊春景。
柳与花	“仗前花待发，旂处柳凝新”化用《诗经》“杨柳依依”意象，柳为报春之木，花发喻盛世生机
拱北辰	北极星喻帝王，百官环绕如众星拱辰，暗含“君臣共治，顺应天道”的儒家政治理想。
荐沉沦	结尾呼吁举荐贤才，呼应唐代科举与荐举并行的制度，体现诗人对清明政治的期待。

黎逢

（生卒年不详）

唐代宗大历十二年（777）丁巳科

籍贯无考。黎逢精通经史典籍，擅长驾驭文辞。大历十二年（777），黎逢在科举考试中高中进士科榜首，成为状元。建中元年（780），他又考中经学优深科。

大历十二年（777）的科举考试由礼部侍郎常衮主持，考试题目为《通天台赋》，以“洪台独存，浮景在下”为韵。据《唐摭言》记载，黎逢初入考场时表现得颇为与众不同：他并没有急于动笔作文，而是先在帘前设席，自斟自饮，显得有些山野之气。常衮是天宝十四年（755）乙未科状元，此次是他第三次知贡举。他见黎逢举止奇特，心想此人必有惊人之作，于是特意安排专人伺候，观察他如何下笔。

黎逢起首一句为“行人徘徊”，常衮初看时有些失望，认为此句只是平常之词。然而，随着黎逢的文笔展开，后续数联字字珠玑，文采斐然，常衮不禁惊叹叫绝，最终决定将黎逢擢升为状元。

皇帝：唐代宗李豫

试题：

通天台赋

以“洪台独存，浮景在下”为韵。

状元卷　黎逢

通天台赋

行人徘徊，登秦原[①]而游目，见汉右[②]之荒台。清风穆[③]其尚在，翠华[④]归而不回。对古情至[⑤]，临高思来[⑥]。披蔓草[⑦]以遐想，睹离宫[⑧]而兴哀。试问薪者，乃秦人也。云汉之兴，兹台之下，驰道[⑨]通乎中禁[⑩]，周墙绕于平野。经逝川[⑪]而不息，抚环堵[⑫]而殊寡。昔汉皇帝，幸甘泉宫，肆目将远，筑台其中。高居物外，

---

① 秦原：指秦国的中部平原。
② 汉右：指汉水以西。古人坐北朝南，以西为右。
③ 清风穆：指清风依然存在，穆有温和、美好之意。
④ 翠华：指皇帝的仪仗。
⑤ 对古情至：面对古迹，情感油然而生。
⑥ 临高思来：登上高处，思绪随之而来。
⑦ 披蔓草：拨开茂密的野草。
⑧ 离宫：皇帝的行宫。
⑨ 驰道：古代供皇帝出行的专用道路。
⑩ 中禁：亦作禁中，皇帝居住的地方。
⑪ 经逝川：经过流逝的河流。
⑫ 抚环堵：抚摸四周的断壁残垣。

若与天通。祈列仙之戾止[①]，致圣寿之延洪[②]。绎绎凭云[③]，蹲蹲捧日[④]。干元气[⑤]以直上，倚长空而迥出[⑥]。危槛岧峣，回途郁律。植承露之盘，开肃神之室。将以接上元，朝太一。乘大君之登降[⑦]，访总真之摭实[⑧]。於戏！郊祀之义，志而可采。鸿纷之状[⑨]，望而已改。哀壮丽之都失[⑩]，想威灵其如在[⑪]。徒野鸟之飞来[⑫]，何真人之可待[⑬]。且白日可以精贯[⑭]，玄珠[⑮]难乎力求。虽层台巉嵼[⑯]，磴道周流[⑰]，秦畤乎西面，齐宫乎上头。仰通苍昊，俯瞰皇州[⑱]。宁不死之可致[⑲]，谅其生也若浮[⑳]。我国家立太平，尚清静，俨宸居以自整[㉑]，绝仙台之望幸[㉒]。

---

① 祈列仙之戾止：祈求众多仙人降临。
② 致圣寿之延洪：达到圣明和长寿的境界。
③ 绎绎凭云：形容云气缭绕高台之状。
④ 蹲蹲捧日：形容高台如恭敬捧日之态。
⑤ 干元气：形容高台直抵天地元气。
⑥ 倚长空而迥出：凭依长空，高耸天外。
⑦ 乘大君之登降：随着皇帝的上下。
⑧ 访总真之摭实：探访至尊神仙的仙宴。
⑨ 鸿纷之状：盛大纷繁的样子。
⑩ 哀壮丽之都失：哀叹壮丽的高台已经荒废。
⑪ 想威灵其如在：想象威灵仍然存在。
⑫ 徒野鸟之飞来：只有野鸟飞来。
⑬ 何真人之可待：哪里有真人可以等待。
⑭ 白日可以精贯：精诚之心可贯通白日。
⑮ 玄珠：本指黑色的明珠。但道家、佛教皆用以指道之本体，称玄珠，道真也。
⑯ 巉嵼（jiǎn chǎn）：盘曲貌；回旋貌。
⑰ 磴道周流：石阶环绕。
⑱ 皇州：指帝都。
⑲ 宁不死之可致：难道不死就可以达到。
⑳ 谅其生也若浮：确实生命如同漂浮。
㉑ 俨宸居以自整：帝王庄严地整饬自身居所（喻指修身）。
㉒ 绝仙台之望幸：杜绝（皇帝）临幸仙台的想法。

虽丹槛栖于列宿[①]，飞梁历于倒景[②]，有唐虞之允恭[③]，无汉武之游骋[④]。化由其衷[⑤]，居慎其独[⑥]，有仪可象[⑦]，无思不服[⑧]。自然为域中之大[⑨]，获天下之福[⑩]。等南山之不骞[⑪]，何高台之是筑[⑫]。

① 丹槛栖于列宿：红色的栏杆栖息在星宿之中。
② 飞梁历于倒景：飞跨的桥梁穿过高空倒映的天象。
③ 有唐虞之允恭：有唐尧、虞舜的真诚恭敬。
④ 无汉武之游骋：没有汉武帝的游乐驰骋。
⑤ 化由其衷：教化出于内心。
⑥ 居慎其独：独处时也要谨慎。
⑦ 有仪可象：有礼仪可以效仿。
⑧ 无思不服：没有思想不服从。
⑨ 自然为域中之大：自然成为天下最大的。
⑩ 获天下之福：获得天下的福气。
⑪ 骞：亏损。
⑫ 何高台之是筑：哪里需要建造高台。

文化常识

知识点	解读
甘泉宫	是汉代重要离宫，汉武帝在此进行祭祀、避暑及求仙活动。
通天台	汉武帝在甘泉宫建造的一座高台，用于祭祀和与天神沟通。
天人合一	中国古代哲学思想，认为天与人相互感应、相互影响。文中提到“高居物外，若与天通”，体现了汉代的“天人感应”思想，认为通过高台建筑可与天神沟通，实现人神互动。
郊祀	古代在郊外举行的祭祀活动，主要祭祀天地、祖先等。
祭祀太一	太一，神名，亦作“泰一”。天神之最尊贵者，天皇大帝、天帝之别称。祭祀太一是祈求国家长治久安、人民幸福的一种仪式。

贾稜

（生卒年不详）

长乐（今河北）人。生平略见《新唐书·宰相世系表五下》、《元和姓纂》卷七、《登科记考》卷一三。唐贞元八年（792）壬申科及第。同榜中陈羽、欧阳詹分居榜眼、探花之位，韩愈、李观、冯宿、庾承宣、崔群、邢册、王涯、许季同、侯继、张季友、齐孝若、李绛等名士皆列榜中，时有“龙虎榜”之称（《新唐书·欧阳詹传》）。主考官是礼部侍郎陆贽。史称陆贽“搜罗天下文章，得士之盛，前无伦比”。

贾稜中状元后入仕，官至大理评事。贾稜喜诗文。因时代久远，《全唐文》仅存其《明水赋》一篇。《全唐诗》仅存其《御沟新柳诗》一首。

皇帝：唐德宗李适

试题：

一、明水赋

以“玄化无宰，至精感通”为韵。

二、御沟新柳诗

状元卷　贾稜

明水赋

祭祀上洁。精诚克宣。伊明水之为用。谅至诚以为先。积阴以成符，嘉应干冥数。以鉴①而取感，无私于上玄②。将假以表敬。式彰乎告虔③。皎皎泛月，瀼瀼④降天。既禀气在阴。亦成形于夜。有无虽系于恍惚，融结宁随于冬夏。明者诚也，我则暗然而彰⑤。水惟信焉，吾非倏尔而化。徒观其清霄雾敛，朗月轮孤。鉴清荧而类镜，水滴沥而疑珠。混金波⑥而共洁，迷玉露而全无。感而遂通。配阳燧之为火；融而不涸，异寒冰

① 鉴：镜子，这里指在月光下取水的器具。
② 上玄：指上天。
③ 告虔：表达虔诚的敬意。
④ 瀼（ráng）瀼：露水盛多的样子。
⑤ 暗然而彰：昏暗的样子，不易显露却日益彰明。
⑥ 混金波：与金波（月光）混合。

之在壶。彼既无情[①]，此何有待。始同方而合体，宁望远而功倍。故能佐因心于霜露，均润下[②]于江海。有形有实，徒加以强名[③]；无臭无声[④]，孰知其真宰[⑤]。是以昭其俭[⑥]，洁其意。含水月之淳粹，修粢盛[⑦]于丰备。作玄酒[⑧]而礼崇，登清庙[⑨]之诚贵。嗤潢汙[⑩]之野荐，陋甘醴之莫致。祀事孔明[⑪]，其仪既精。无朕[⑫]而有，不为而成。二气相临[⑬]，本自蟾蜍[⑭]之魄；三危[⑮]莫比，殊非沆瀣[⑯]之英。至道自玄而兆，醴泉[⑰]因地而生。原夫月丽于天，水习乎坎。物有时而出，故方诸而夜呈；事有朕而因，故阴灵而下感。大满若冲，其来不穷。风尘莫染其真质，

---

① 彼既无情：指明水没有情感。
② 润下：指水的滋润作用。
③ 强名：勉强命名。
④ 无臭无声：没有气味和声音，形容无形无迹。
⑤ 真宰：天。天为万物主宰，故称真宰。
⑥ 昭其俭：彰显其俭朴。
⑦ 粢（zī）盛：盛在祭祀器物里的谷物。六粢为黍、稷、稻、粱、麦、菰等六种谷物的总称。
⑧ 玄酒：水也。以其色黑谓之玄。上古无酒，以此水当酒所用，故谓之玄酒。明水亦名玄酒。
⑨ 清庙：严肃清静之庙，清明有德者之祀庙。
⑩ 潢汙：聚积不流之水。意谓只要诚信，即使潢污中的水也可以用来祭祀鬼神。
⑪ 祀事孔明：祭祀之事非常明了（庄重）。
⑫ 朕：征兆。
⑬ 二气相临：指阴、阳二气相互作用。
⑭ 蟾蜍：传说月中有蟾蜍，这里指月亮。
⑮ 三危：指三危山，俗称“升雨山”，传说三危山为神仙居所，故此处喻指高洁之地。
⑯ 沆瀣（hàng xiè）之英：夜间的水气产生的精华。
⑰ 醴（lǐ）泉：甘甜的泉水。

天地不隔其幽通。况国家崇仪祊祀，荐敬旻穹[1]。方欲行古道，稽淳风。客有赋明水之事，敢闻之于閟宫[2]。

御沟新柳

御苑阳和[3]早，章沟[4]柳色新。
讬根偏近日，布叶乍迎春。
秀质方含翠，清阴[5]欲庇人。
轻烟度斜景[6]，多露滴行尘。
袅袅堪离赠，依依独望频。
王孙如可赏，攀折在芳辰。

---

① 旻（mín）穹：苍天。
② 閟宫：神庙。
③ 阳和：温暖的阳光，这里指春天的温暖。
④ 章沟：御沟，皇家园林中的水渠。
⑤ 清阴：清凉的树荫。
⑥ 轻烟度斜景：轻烟飘过斜阳。

文化常识

知识点	解读
龙虎榜	科举制度在唐太宗时期逐渐完善，唐高宗时期开始形成较为规范的考试体系。唐德宗贞元八年（792）的科举考试因录取的进士多为杰出人物，故被称为“龙虎榜”，是科举史上极为著名的一榜。主考官是名臣陆贽，他提出了“求才贵广，考课贵精”的选人原则，使这一榜的录取结果备受瞩目。本科共录取进士二十三人。探花欧阳詹被尊为“闽学鼻祖”，历官国子监四门助教。韩愈为唐宋八大家之首。李绛、崔群、王涯皆官至宰相。其他进士：李观、冯宿、庾承宣、邢册、许季同、侯继、张季友、齐孝若等，皆天下孤俊伟杰之士。“龙虎榜”成员在中唐后期的政治、文学领域都有显著成就。他们在儒学复兴背景下探索古文创作，推动了古文运动的发展。
明水	是古代祭祀礼仪中所用的净水。在祭祀文化中，水被视为纯净的象征，承载着人们对神灵或祖先的敬重之情。明水的获取方式独具特色，通常在清幽静谧的夜晚进行。古人会使用一种名为“方诸”的特殊器具，借助皎洁的月光来收集明水。这一取水过程，彰显了古人对自然的敬畏之心，凸显了他们对祭祀仪式的庄重态度。在古人的观念里，水的精华源自月亮，月亮那柔和而神秘的光辉，赋予了水纯净且神圣的特质。这种认知，体现了古人对天文现象的细致观察，以及将自然观念与祭祀文化完美融合的智慧。

续表

知识点	解读
骈文风格	本文采用了骈文的写作手法，句式整齐，对仗工整，语言华丽，体现了唐代骈文的典型风格。
礿（yuè）祀	亦称“礿祭”。“礿”是一种祭名，夏、商两代在春天举行，周代在夏天举行。祭祀过程是先燔柴升烟，再加牲体或玉帛于柴上焚烧，期望天帝嗅味以享祭。
祭祀原则	古代圣人制定祭祀制度，强调“必主忠敬，崇吉蠲”，即祭祀要以忠诚和敬意为主，祭品要洁净，不在于丰厚。这体现了古代对祭祀活动的庄重态度和对神灵的敬畏之心。
祭祀用品	主要有以下几类：食物、玉石、帛、酒、礼器等。祭祀用品是古代祭祀活动中用于供奉神灵、祖先的物品，承载着人们对神灵的敬畏、对祖先的追思以及对美好生活的祈愿。这些用品不仅具有实用价值，更蕴含着深厚的文化内涵和象征意义。祭祀用品作为古代文化的重要组成部分，承载着丰富的历史信息和文化内涵。通过对祭祀用品的研究和解读，我们可以更好地了解古代社会的礼仪制度、宗教信仰以及人们的生活方式和价值观念。“乃或荐之以水”，说明水在古代祭祀中也是一种重要的祭品。这与古代对自然元素的崇拜有关，水被视为纯净和神圣的象征。

续表

知识点	解读
潢污	《左传·隐公三年》："潢污，行潦之水，可荐於鬼神，可羞於王公。"此句表达了只要内心真诚守信，即使不起眼的道路上所积的雨水，也可以用来祭祀鬼神、献给王公。它强调了精神层面的诚意比物质形式更为重要，体现了古代礼仪文化中对诚信和道德的重视。不同的祭祀对象和场合有不同的礼仪和祭品要求。此句强调了诚心的重要性，表明在祭祀活动中，精神层面的虔诚比物质形式的祭品更为关键。

唐德宗贞元十五年（799）己卯科

封孟绅

（生卒年不详）

唐代诗人。其生平事迹不详，但从其作品中可以看出其对儒家思想的推崇和对正道的坚守。

唐贞元十五年（799）己卯科共取进士十七人，择封孟绅为第一，同榜有张籍等人。主考官是中书舍人高郢。

封孟绅中状元后入仕，官至太常卿。他擅长写诗作文。《全唐诗》存其《行不由径诗》，《全唐文》有其《信及豚鱼赋》一篇。

他的名字“孟绅”，又有记作孟对、孟封、孟申、孟神等，或是因为年代太久远了，在传抄过程中出现了书写错误。

皇帝：唐德宗李适

试题：

行不由径诗

状元卷　封孟绅

行不由径

欲速竟何成，康庄亦砥平。
天衢皆利往，吾道本方行。
不复由蓬径，无因访蒋生。
三条[1]遵广道，九轨尚安贞。
紫陌悠悠去，芳尘[2]步步清。
澹台千载后，公道有遗名。

① 三条：指三条大道，这里泛指众多的道路。
② 芳尘：原指落花，此处实指车马经过时扬起的灰尘，以“芳”字赋予其清美意象，形容帝都道路的整洁与畅达。

文化常识

知识点	解读
康庄	原指宽阔平坦、四通八达的大路，后常用来形容美好的前途或境遇。出自《尔雅》。
砥平	形容地面平坦如砥石（磨刀石），常用来表示地势平坦或局势平稳。晋左思《魏都赋》：“长庭砥平，钟虡夹陈。”
天衢	本指天空广阔的星道，常被用来比喻京都或高位等，有高远、通达之意。出自《易》。
九轨	原指可容九辆车并行的道路宽度，后常用来形容大路宽广，也可引申为规模宏大等含义。出自《周礼·考工记·匠人》：“国中九经九纬，经涂九轨。”
安贞	示安静守正，通常蕴含着遵循正道、内心安定而吉祥的寓意。出自《易·坤》：“安贞吉……《彖》曰：安贞之吉，应地无疆。”
紫陌	指京城郊野的道路，多与繁华、游猎等场景相关联，后来也泛指道路。出自汉王粲《羽猎赋》：“济漳浦而横阵，倚紫陌而并征。”
澹台	复姓，指澹台灭明。澹台灭明，字子羽，拜孔子为师，但以相貌丑陋而不为孔子所重。退而修行，南游至江，有弟子三百人，名称诸侯。孔子闻之，曰：“以貌取人，失之子羽。”

卢　肇

（818—882）

字子发，袁州宜春(今江西宜春)人。出身寒门，少时勤学不辍，曾师从韩愈，深得宰相李德裕赏识。会昌三年（843）参加进士科考，以《风不鸣条》诗题脱颖而出，高中状元。

大中元年（847），卢肇仕受岳鄂节度使卢商征辟为幕僚，后相继被江陵节度使裴休、太原节度使卢简奏请入幕。后入朝历任秘书省著作郎、仓部员外郎，并充集贤院学士。咸通年间，先后出任歙、宣、池、吉等州刺史，所至皆有惠政。

卢肇博学多才，政务之余潜心著述，有《文标集》三卷、《海潮赋》一卷、《庙堂龟鉴》一百二十卷等著作传世。其中任歙州刺史时所作《海潮赋》尤为著名，该赋以五千余字阐释潮汐原理，兼具文学价值与科学价值，当时即“名动至尊”，获朝廷诏令褒奖，誉其“穷测海潮，出于独见”，堪为“一家之言”。

皇帝：唐武宗李炎

试题：

风不鸣条诗

状元卷 卢肇

风不鸣条

习习和风至，过条不自鸣[①]。
暗通青律[②]起，远望白苹生。
拂树花仍落，经林鸟自惊[③]。
几牵萝蔓[④]动，潜惹柳丝轻。
入谷迷松响[⑤]，开窗失竹声[⑥]。
薰弦[⑦]方在御，万国仰皇情[⑧]。

---

① 不自鸣：强调风轻至枝条无声。
② 青律：古代以律管占气候，青为春色，“青律”指春天的音律。如《礼记·月令》载春属木，色青。
③ 鸟自惊：风过林间，鸟因细微动静受惊，反衬环境的宁静。
④ 萝蔓：蔓延的萝藤。
⑤ 松响：松涛声，山谷中因风与松共鸣，声音迷离难辨。
⑥ 竹声：风吹竹林的萧萧声，开窗时因风止而“失声”，侧面写风停后的静谧。
⑦ 薰弦：代指仁君教化。
⑧ 万国仰皇情：化用《史记·五帝本纪》“天下咸戴舜之功”，喻天下百姓仰慕帝王仁德。

文化常识

知识点	解读
牛李党争	唐代后期朝廷大臣之间长达数十年的宗派斗争。牛党以牛僧孺、李宗闵为首，多出身科举进士；李党以李德裕为代表，常为世家大族子弟。两党在科举、藩镇、官员任免等诸多议题上针锋相对。如科举取士，牛党重诗赋文采，李党重经义治术。党争期间，双方相互倾轧，交替掌权，致朝局动荡、政治腐败，削弱了唐代统治根基，成为其走向衰落的重要因素。
风不鸣条	原指和风轻拂，树枝不发出声响，古人认为是贤者在位，天下大治时出现的一种自然景象，后比喻社会安定。出自汉代桓宽《盐铁论·水旱》：“周公载纪而天下太平，国无夭伤，岁无荒年。当此之时，雨不破块，风不鸣条。”以及汉代王充《论衡·是应》：“风不鸣条，雨不破块，五日一风，十日一雨。”
薰弦	出自《礼记·乐记》：“昔者舜作五弦之琴，以歌《南风》。”在《南风歌》中有云：“南风之薰兮，可以解吾民之愠兮。”上古时期，舜帝创制五弦之琴，弹奏《南风歌》，这首歌谣饱含着儒家所倡导的“仁政”理想，祈愿温暖和煦的南风能够吹散百姓心头的怨愤，给民众带来安宁与福祉。后世便常以“薰风”来比喻帝王的恩泽。如白居易在《太平乐》中所写：“薰风自南至，吹我池上林。”诗句描绘出薰风悠悠自南而来，轻柔地吹拂着池边树林的画面，仿若将帝王广施恩泽、润泽四方的景象具象化，让人体会到那自上而下惠及万物的关怀，生动地展现了“薰风”所蕴含的寓意。

宋真宗咸平五年（1002）壬寅科

王　曾

（978—1038）

字孝先，青州益都（今山东青州）人。咸平年间，他连中解元、省元、状元，成为宋代第二个“三元及第”的进士。中状元后，他被授予将作监丞，通判济州，历任秘书监著作郎、直史馆、三司户部判官等职。景德初年，升任右正言知制诰兼史馆修撰。

当时，真宗皇帝崇尚道教，与王钦若等人伪造天书祥瑞，大兴土木修建玉清昭应宫等宫观。朝中近臣无人敢言，唯有王曾上疏陈说“五害”，直言劝谏。此后，他历任知审刑院、知审官院，升任参知政事，成为宋代第二个状元宰相。真宗驾崩后，王曾奉命草拟遗诏，安排刘太后辅佐皇太子，权摄军国大事。景祐二年（1035），他再次出任宰相，被封为沂国公。当时，宰相吕夷简执政专横，二人政见不合，常有争执，最终一同被罢相，以左仆射、资政殿大学士的身份判郓州。宝元元年（1038）冬，王曾去世，终年六十一岁，被追赠谥号“文正”。

王曾在文学上造诣颇深，尤其擅长诗赋。

皇帝：宋真宗赵恒

试题：

有物混成赋

以“虚象生在，天地之始”为韵。

状元卷　王曾

有物混成赋

妙物难模[①]，先天有诸[②]？著自无名之始[③]，生乎立极之初[④]。不缩不盈，赋象宁穷于广狭[⑤]；匪雕匪斫[⑥]，流形罔滞于盈虚[⑦]。原夫未辨两仪[⑧]，中含四象。虽欲兆于形质[⑨]，曾莫知

---

① 妙物难模：妙物，实指“道”，这里指混沌未分的元气；模，描摹、描绘。
② 先天有诸：先天，在天地形成之前；诸，相当于“之乎”，表疑问。
③ 著自无名之始：著，显明、显现；无名之始，指道在万物未形之前的本然存在。
④ 立极之初：立极，指天地形成；之初，刚开始的时候。
⑤ 赋象宁穷于广狭：赋象，赋予形象；宁，岂、难道；穷，尽，这里指局限。
⑥ 匪雕匪斫（zhuó）：匪，通非，不是；雕、斫，雕刻、砍削。
⑦ 流形罔滞于盈虚：流形，流动的形体；罔，不；滞，滞留；盈虚，充盈和空虚。万物运动变化的形体不会被盈满或虚空的发展变化所阻碍。
⑧ 原夫未辨两仪：原夫，推求其根源；两仪，指天地。
⑨ 虽欲兆于形质：兆，表现、显示；形质，形体和实质。

夫影响[①]。问洪纤而莫得[②]，自契胚浑[③]；考上下以都忘，孰分天壤？及夫大朴将散[④]，三光欲萌[⑤]，清浊待兹而一判[⑥]，昏明由是以相生[⑦]。然后品汇咸观[⑧]，用作有形之始；淳和外发[⑨]，或知至道之精。是何小不隐于纤介[⑩]，大不充于寰海[⑪]。配一气以冥运[⑫]，亘终古而斯在[⑬]。纵阴阳之推荡，我质难移；任变化之纷纭，斯形不改。岂不以有者真有之筌[⑭]，物者生物之先[⑮]，冥搜而兆朕斯显[⑯]，寂听而音容莫传[⑰]？得我之小者，散而为草木；得我之大者，聚而为山川。视焉且无讶，深蟠于厚地[⑱]；

---

① 曾莫知夫影响：影响，应指形质尚未形成时的潜在状态，即“影”与“响”的本义（形影、回声），强调混沌未分时连最轻微的形迹（影）和声响（响）都无从察觉。

② 问洪纤而莫得：洪纤，指宏观与微观。试图分辨大小却无法做到，自然契合混沌未分的状态。

③ 胚浑：通“胚混”，指混沌未分的原始状态。

④ 大朴将散：大朴，指混沌的状态；散，消散。

⑤ 三光欲萌：三光，指日月星辰；萌，开始放出光明。

⑥ 清浊待兹而一判：清浊，指清阳和重浊之气；兹，此，指混沌状态；判，分离。

⑦ 昏明由是以相生：昏明，指黑夜和白天；是以，因此；相生，相互产生。

⑧ 品汇咸观：品汇，万物品类；咸，都；观，观察、观看。万物都得以显现。

⑨ 淳和外发：淳和，朴质而中和的品质；外发，表现于外。

⑩ 纤介：细微的东西。

⑪ 寰海：海内，指天下。

⑫ 配一气以冥运：配，配合、匹配；一气，指太一浑然之气；冥运，默默运行、暗中运化。

⑬ 亘终古而斯在：亘，贯穿；终古，终古而尽在。

⑭ 有者真有之筌（quán）：前一个“有”指混沌未分的元气，后一个“有”指现在的万物。筌，引申指工具、手段。

⑮ 物者生物之先：道是生成万物的本源，先于万物存在。

⑯ 冥搜而兆朕斯显：冥搜，搜寻幽深遥远的古代；兆，为龟甲裂纹，朕，为征兆，合指事物萌发前的细微迹象；斯，则。

⑰ 寂听而音容莫传：静听却无法捕捉到任何形迹。

⑱ 深蟠于厚地：蟠，盘伏；厚地，大地。

搏之不得疑，上极于高天。本自强名[1]，诚难取类。其始也，既出无而入有；其终也，亦规天而矩地。既不可指掌而窥[2]，又不可因人而致。明君体之而成化[3]，则所谓无为而为[4]；君子执之而立身，亦同乎不器之器。无反无侧，神之听之[5]。谅潜形于恍惚[6]，实委化于希夷[7]。倾毁何由[8]，固秉持之在我；刚柔有体[9]，将用舍以随时[10]。今我后掌握道枢，恢张天纪[11]，将穷理以尽性[12]，思反古而复始。巍巍乎执大象而抚域中[13]，达妙有之深旨。

---

① 强名：勉强命名。
② 指掌而窥：指掌，比喻极易做的事；窥，看。
③ 体之而成化：体，体会，体察。成化，实现教化、达成某种良好的转变和发展。
④ 无为而为：以德政感化人民，不刻意去做却能成就事业。
⑤ 神之听之：神灵自会听察。
⑥ 谅潜形于恍惚：谅，确实；潜形，隐藏自己的形象；恍惚，模糊不清的状态。
⑦ 委化于希夷：委化，顺任自然的变化；希夷，一种视听皆无的虚寂微妙高深莫测的境界。
⑧ 倾毁何由：倾毁，危难灭亡；何由，怎么会发生。
⑨ 刚柔有体：使用刚强和柔弱有一定的法则。
⑩ 用舍以随时：用刚还是用柔，将随时事的变化而变化。
⑪ 天纪：自然之道、人类之伦常。
⑫ 穷理以尽性：穷极万物奥妙之理，究尽生灵所禀之性。
⑬ 执大象而抚域中：大象，指“无形无象”万物不可少的“道”；抚，抚育；域中，指天下。

文化常识

知识点	解读
通判	宋代设置的官职，负责协助知州管理州事，并监督知州。
知制诰	负责起草诏令的官员。
参知政事	宋代的副宰相。参知政事协助宰相处理政务，参与国家重大决策。
枢密使	宋代主管军事的最高长官，与宰相并称“二府”。
资政殿大学士	宋代设置的荣誉性官职，通常授予有功的官员或退休的宰相。资政殿大学士虽然没有实际的行政权力，但具有较高的政治地位和影响力。
有物混成	描述“道”作为混沌整体的本源状态，存在于天地形成之前。出自《道德经》第二十五章：“有物混成，先天地生。”
道枢	指道的枢纽，强调超越对立、把握本质。出自《庄子·齐物论》：“彼是莫得其偶，谓之道枢。”
大象	指“道”的终极形态，体现其无形无象、包容万物的特性。出自《道德经》第四十一章：“大音希声，大象无形。”

宋庠

（996—1066）

宋庠，安陆人。原名宋郊，字伯庠。入仕后更名庠，改字公序。北宋文学家。后徙开封雍丘(今属河南杞县)。父亲宋杞曾做过九江小吏。因生母去世早，与弟宋祁寄读于外祖父家中。兄弟俩皆以辞赋闻名，被时人称为“二宋”。

天圣二年，“二宋”同科参加进士考试。知贡举刘筠初拟第一名宋祁，第二名叶清臣，第三名宋庠。时章献皇太后听政，认为弟弟不应先于兄，改动名次，点宋庠为状元。

官至兵部侍郎、集贤殿大学士。皇祐三年(1051)，因其侄子获罪，包拯对其弹劾，并斥其在朝中无所作为，因而被贬任地方官。

后复升兵部尚书，封莒国公。英宗即位后，改封为郑国公。

治平三年(1066)卒，谥元宪，英宗篆其碑曰“忠规德范之碑”。

宋庠天性忠厚，为政审慎，浮沉泰然，故一生鲜有惊人之言行。然其为人俭约节制，酷好读书，至老仍不释卷。著有《宋元宪集》《国语补音》等。

皇帝： 宋仁宗赵祯

试题：

德车[①]结旌赋

以"车结旌者，昭德之美"为韵。

状元殿试卷 宋 庠

德车结旌赋

君有至德，时乘大车。当偃革以无外，乃结旌而有初。奉驾陈仪，采物虽资于备设；鸣鸾示礼，旗旒匪俟于垂舒。顺考前经[②]，铺闻往说[③]。谓戎事以既息，贵君车之有结。雍容抚轼，盖藏饰以尚纯，肃穆展铃，讵垂旓[④]而就列。盖由抑乃盛饰，昭夫令名。虽冠品于舆[⑤]服，蔑扬威于旆旌。肃轸无哗，方敛藏于斿[⑥]厉；驰轮有度，靡赫奕于緌[⑦]缨。且夫礼有质文，器随用舍。车号乎德，则崇化于邦本；旌结其表，则示人于天下。

① 德车：指古代帝王所乘五路（辂）中的玉、金、象、木四路（辂），"路"在这里等同于"车"。四路不用兵，故曰"德车"。

② 顺考前经：考校前代经典，从中择善而遵循实行。体现对前代经典知识的借鉴与尊崇，通过考校经典来获取有益的经验或理念。

③ 铺闻往说：宣扬过去听闻的学说。表达对过往知识的梳理和传播。

④ 旓（shāo）：指旌旗的飘带，亦泛指旌旗。

⑤ 舆（yú）：车厢。古代车舆有定式，以表尊卑等级。

⑥ 斿（liú）：古代旌旗下垂的飘带等饰物。亦泛指旌旗。

⑦ 緌（ruí）：古代帽带的下垂部分。

意自象见，名非人假。君轩弭节[①]，孰讶乎卷而怀之；国乘制容，益显乎素为贵者。是知车之用兮，充德以成大；旌之饰兮，辅威而孔昭。既武怒之不作，信军容而外销。组辔启行，陋邦旄之孑孑；错衡遵路，殊风旆之摇摇。若然则动有彝仪[②]，文无异色。虽严驾以备物，终去华而表德。故使礼典攸重，民瞻不忒。皇皇整御，始中括于采章；轞轞[③]肃容，岂外扬于藻饰。用能上载明德，旁昭缛仪。自驾言而戾止，殊幅裂以藏之。升降惟寅，仅比非心之屋；章明尽屏，宁同止猎之绥。大矣哉！邦礼是崇，帝仪资始。实务德以垂教，必收旌而昭理。宜乎国容备而兵器销，率由兹而尽矣。

① 弭（mǐ）节：停车，行车的队伍停下。弭，止息。节，符节。古代君主出行时，使臣等往往会持有符节作为凭证或象征身份。
② 彝仪：常礼，一定的仪式。
③ 轞（jiàn）轞：形容车声。

文化常识

知识点	解读
车服制度	古代的车服是身份和地位的象征。“君有至德，时乘大车”，古人认为只有具备高尚德行的君主才能乘坐特定的大车，体现了车服制度的严格等级划分。
旌旗礼仪	“结旌”“旗旒”“旓”“斿厉”“緌缨”等，这些都是古代旌旗的组成部分，用于礼仪场合。例如，“结旌而有初”表示在和平时期将旌旗收起，象征着战争的结束和和平的来临。
礼仪的节制与本质	礼仪的本质在于“质文”（质朴与文饰的结合），礼仪的外在形式（如车服、旌旗）并非为了炫耀，而是为了彰显内在的德行，体现了儒家“礼”的思想。
德治思想	“君有至德”“充德以成大”“上载明德”，强调君主的德行是治理国家的根本。这体现了儒家“以德治国”的理念。
尚俭思想	“去华而表德”，即去除华丽的装饰，注重内在的德行，体现了儒家倡导的节俭和务实精神。
礼的作用	“礼有质文，器随用舍”“礼典攸重”，强调礼仪制度在国家治理中的重要性，通过礼仪来规范社会秩序，体现儒家“礼治”的思想。
君主的象征意义	“君轩弭节”“国乘制容”，表明君主的行为和仪态不仅是个人的象征，更是国家治理的体现。君主的德行和礼仪行为对国家的稳定和教化有着深远影响。

续表

知识点	解读
和平与战争的象征	“偃革以无外”“戎事以既息”，表明和平时期将战争的工具（如革车、旌旗）收起，象征着国家的安定和君主的仁德。
国家治理的终极目标	“国容备而兵器销”，即通过礼仪和德治来实现国家的长治久安，最终达到“率由兹而尽矣”的理想状态。
车与旌旗的象征	将车和旌旗作为文化符号，分别象征着君主的德行和国家的礼仪。例如，“车之用兮，充德以成大；旌之饰兮，辅威而孔昭”，表明车和旌旗不仅是交通工具和礼仪用品，更是君主德行和国家威仪的外在体现。
礼仪的象征意义	“礼有质文，器随用舍”，礼仪的外在形式（如车服、旌旗）是内在德行的外在表现，体现了中国文化中“文质彬彬”的理念。
君主的行为准则	“升降惟寅”“章明尽屏”，强调君主的行为应符合礼仪规范，不偏不倚，体现了对君主行为的严格要求。
君主的示范作用	“皇皇整御”“旁昭缛仪”，表明君主的行为和礼仪不仅是个人修养的体现，更是对民众的示范和教化。

宋英宗治平四年（1067）丁未科

许安世

（1041—1084）

字少张，开封襄邑（今河南睢县）人。据明人朱希召《宋历科状元录》记载，其登第时年二十七岁，以《公生明赋》名动士林，其中“依违牵制者，固已去矣，则明白洞达者乃其自然”之句，被欧阳修、王珪等文坛领袖誉为“不刊之语”。

仕途始于郓州推官，历任著作佐郎、集贤校理、检正中书吏房公事等职，官至太子中允。熙宁八年（1075）因牵涉进士私入后宫案，贬为濠州团练判官，后复任都官员外郎。其为人清正，曾作《咏史诗》讽喻时政：“至公一以废，智术相维持”，彰显其耿介品格，深受司马光、范纯仁等名臣器重。

早年师从丁宝臣，后与陆佃交游，虽处新旧党争之际，却“不求贵达”，保持独立风骨。元丰七年（1084）奔祖父丧途中卒于黄州，终年四十四岁。苏轼闻讯解衣相赠以助丧仪。

皇帝：宋英宗赵曙

试题：

公生明赋

以“公不偏党，明则生矣”为韵。

状元殿试卷　许安世

公生明赋

事欲无蔽，心宜尽公。既守正以宅志[①]，遂生明而在躬。祛一意之党偏，不私乎物；照百为之情伪，罔汩于中[②]。若夫外交事变[③]之繁，中固心诚之守，以谓虚己鉴物，则枉直昭晰[④]，挟情适事[⑤]，则是非纷纠。欲庶理[⑥]之皆辨，舍至公而则不。中立不倚，始持正于群伦；旁烛无疆[⑦]，遂致明于万有。无陂无

---

① 宅志：安守志向，使志向有所归宿。
② 罔汩（gǔ）于中：罔，无；汩，扰乱。意思是不会让内心受到扰乱。
③ 外交事变：外交，指与外界交往的各种事务；事变，指事情的变化、变故。
④ 枉直昭晰：枉直，指曲直；昭晰，清楚明白。
⑤ 挟情适事：带着私情去处理事情。
⑥ 庶理：众多的道理、事理。
⑦ 旁烛无疆：旁烛，照亮周围；无疆，没有边界。这里形容公正之心能够照亮一切事物。

侧[①]，不阿不偏[②]。非妄恶也，恶其众之所弃；非作好[③]也，好其众之所贤。盖依违牵制[④]者，固已去矣，则明白洞达者，乃其自然。百志惟宁[⑤]，居绝倾邪之渐；五綦不乱，遂观昭旷[⑥]之先。盖夫智因窒而后昏[⑦]，性以私而有党[⑧]。爱憎既绝，则真伪必审；取舍既平，则善恶不爽。抱纯正以中执[⑨]，涵机灵而内养[⑩]。所以主心善治[⑪]，汤无蔽塞之忧；直道钦承[⑫]，文有照临之广。岂不以湛静[⑬]者人之性，偏暗者性之情？知静为本，故虚之则定[⑭]；知暗为害，故去之则明。正厥心官[⑮]，始闲邪而制物[⑯]；发为智烛，终迪哲以通诚[⑰]。大抵处有累之地者[⑱]，莫不徇私；对无穷之变者，鲜能不惑。凡适理以非眩[⑲]，由秉心之自克[⑳]，得不保守天质，蹈行圣则。周而不比，无一曲之蔽情；

① 无陂无侧：陂，倾斜；侧，偏斜。
② 不阿不偏：阿，迎合；偏，偏袒。
③ 作好：因私而偏爱。
④ 依违牵制：依违，犹豫不决；牵制，受到约束。这里指被各种因素所束缚。
⑤ 百志惟宁：众多志向皆安宁。
⑥ 昭旷：光明开阔。
⑦ 智因窒而后昏：智，智慧；因，因为；窒，阻塞；昏，昏暗、不明。
⑧ 性以私而有党：性，本性；私，偏私；党，偏袒。
⑨ 抱纯正以中执：抱，秉持；纯正，纯正的品行；中执，中正地坚守。
⑩ 涵机灵而内养：涵，包含、容纳；机灵，机敏聪慧；内养，内在修养。
⑪ 主心善治：主心，主宰内心；善治，善于治理。
⑫ 直道钦承：直道，正道；钦承，恭敬地接受、遵循。
⑬ 湛静：清澈平静。
⑭ 虚之则定：虚，使内心空灵；定，安定。
⑮ 正厥心官：厥，其；心官，心神。
⑯ 闲邪而制物：闲邪，防止邪恶；制物，控制事物。
⑰ 迪哲以通诚：通过践行智慧达到至诚境界。
⑱ 处有累之地者：处，处于；累，牵累、束缚。
⑲ 适理以非眩：适理，符合道理；非眩，不被迷惑。
⑳ 秉心之自克：秉心，秉持内心；自克，自我克制。

静之徐清，有三知之入德。因知心乃物之鉴，公为职之衡。系吝既屏[①]，纯明自生。以之察己，则事至不惑；推而成务[②]，则物来敢名[③]。是故君子养源[④]，于以致忠邪之判[⑤]；大人正己[⑥]，岂徒无谮愬[⑦]之行？嗟夫有为者易失其本心，无惮者或迷于至理。故伾、文党与以丑正[⑧]，恭、显庸回而嫉士。智尚昧于自保[⑨]，识敢期于远视[⑩]！惟夫以公正为心，明则生矣。

---

① 系吝既屏：系吝，束缚、吝啬；屏，摒弃。
② 推而成务：推，推广；成务，完成事务。
③ 物来敢名：物来，事物到来；敢名，敢于明确命名、判断。
④ 养源：培养根源、源头。
⑤ 忠邪之判：忠诚与邪恶的判断。
⑥ 大人正己：德行高尚的人端正自身。
⑦ 谮愬（zèn sù）：谗毁、诬陷。
⑧ 丑正：诋毁正道。
⑨ 智尚昧于自保：智，智慧；尚，尚且；昧，不明；自保，自我保护。
⑩ 识敢期于远视：识，见识；敢，岂敢；期，期望；远视，远大的目光。

文化常识

知识点	解读
王珪	北宋政治家、文学家。他历仕宋仁宗、宋英宗、宋神宗三朝，官至宰相。在文学方面，以撰写典重的制诰之文著称。
司马光	北宋著名政治家、史学家、文学家。他主持编纂了编年体通史《资治通鉴》。
范纯仁	北宋政治家、文学家，范仲淹次子。他历任要职，以清正廉洁著称，在政治上主张稳健改革。
弘恭、石显	西汉时期的两个宦官。弘恭精通法律条文，石显善于奉承，两人勾结在一起，把持朝政，陷害忠良之士，败坏朝纲。文中“恭、显庸回而嫉士”以他们为例，说明怀有私心、任用奸邪之人会带来不良后果，与公正形成对比。
新旧党争	北宋宋神宗熙宁年间，围绕王安石变法所展开的一场持续多年的政治斗争。以王安石为首的新党推行青苗法、免役法等一系列新政，旨在富国强兵。而以司马光等为首的旧党则坚决反对，认为变法扰乱社会秩序，损害百姓利益。两党争论不休，交替执政，成为北宋后期政治动荡的重要因素之一，对北宋的政治生态和国家发展产生了深远影响。
推官	宋代地方官职，主要负责协助州长官处理政务，包括司法、行政等方面的事务。
著作佐郎	宋代中央官职，主要负责协助著作郎编纂史书、撰写诏令等文秘工作。

续表

知识点	解读
集贤校理	宋代官职，主要负责校对、整理图书典籍等工作。
检正中书吏房公事	宋代官职，主要负责中书省吏房的事务，涉及官员的任免、考绩等行政管理工作。
太子中允	宋代官职，主要负责辅佐太子，处理太子宫中的事务，是太子的近侍官员之一。
团练判官	宋代地方官职，主要负责协助团练使管理地方军事事务。
都官员外郎	宋代官职，主要负责刑狱案牍、官奴婢管理等事务。
公生明	出自《礼记·中庸》："公生明，偏生暗。"这是儒家"中庸之道"的核心观点之一，强调公正无私是道德修养的基础，偏私则会蒙蔽心智。
周而不比	指君子团结众人但不结党营私。出自《论语·为政》："君子周而不比，小人比而不周。"
静之徐清	以静制动，使浑浊逐渐澄清。出自《道德经》："孰能浊以静之徐清？"
三知之入德	此处化用经典，指通过三种智慧进入道德境界。出自《论语·尧曰》："君子有三知：知命、知礼、知言。"

宋神宗元丰五年（1082）壬戌科

黄 裳

（1044–1130）

字勉仲(一作冕仲)，号演山，延平(今属福建南平)人，北宋著名政治家、文学家、词人。卒赠少傅。谥忠文。

元丰五年（1082）壬戌科李清臣知贡举，取进士445人，黄裳被点为状元。

黄裳曾任巴州通江(今属四川)县尉。历越州签判。哲宗元祐四年（1089）为校书郎，六年转集贤校理，后知颍昌府。绍圣二年（1095）为太常少卿，礼部尚书。徽宗崇宁初知青州。崇宁五年（1106），由知郓州落职提举杭州洞霄宫。政和四年（1114），知福州。高宗建炎二年（1128）辞官。

黄裳著有《演山先生文集》《演山词》。四库馆臣评价其："诗文骨力坚劲，不为委靡之音。"廖挺作《演山集跋》称："其渊源六经，栽培教化，要之议论出于一正而后已。其他所作，时得方外之致，飘飘然出尘物表。逸歌长句，骏发踔厉，兼众体而有之。"

皇帝：宋神宗赵顼

问：

礼所以辨上下，法所以定民志。三王之时，制度大备，朝聘[①]、乡射[②]、燕享[③]、祭祀[④]、冠婚之义[⑤]，隆杀、文质、高下、广狭、多少之数，至于尺寸铢黍[⑥]，一有宜称。

贵不以逼，贱不敢逾，所以别嫌明微，释回增美，制治于未乱，止邪于未形。上自朝廷，下逮闾里，恭敬樽节，欢欣交通，人用不逾，国以无事。降及后世，陵夷衰微，秦汉以来无足称者。庶人[⑦]处侯宅，诸侯乘牛车，贫以不足而废礼，富以有余而僭上[⑧]。宫室之度，器服之用，冠婚之义，祭享之节，率[⑨]皆纷乱苟[⑩]简，无复防范，先王之迹因以熄焉。

《传》曰："礼虽未之有，可以义起也。"而后之学者，多以谓非圣人莫能制作。呜呼！道之不行也久矣，斯文之不

---

① 朝聘：古代诸侯亲自或派使臣按期朝见天子。春秋时期，政在霸主，诸侯朝见霸主，亦称"朝聘"。

② 乡射：古代的一种射礼，是乡学中举行的射箭比赛活动，也是古代礼仪制度的重要组成部分。

③ 燕享：亦作燕飨，指以酒食祭神。

④ 祭祀：祭神供祖的仪式。

⑤ 冠婚之义：指冠礼和婚礼所蕴含的礼仪规范、文化意义、背后道理等。

⑥ 铢黍（zhū shǔ）：一铢一黍。比喻微小之物。铢，本义古代重量单位，二十四铢为一两。

⑦ 庶人：平民、百姓。

⑧ 僭（jiàn）上：僭越上位者，指越分冒用尊者的仪制或宫室、器物等。

⑨ 率：一概，都。

⑩ 苟：随便，马虎，不审慎。

作也亦已久矣。抑将恣[①]其废而莫之救欤，将因今之才而起之也？

状元殿试卷　黄裳

臣闻致道则求诸人，以人者善之所在也。及其行道也，不可以求人，惟人求道。置法则从诸人，以人者情之所在也。及其行法也，不可以从人，惟人从法。圣人之为天下，合众善以为道，合群情以为法。其为教也，则宜民下无异习；其为政也，则宜臣下无异说。若夫蠡管之见[②]，涓埃[③]之善，奚足以致哉？圣人以为物态有新故，民情有好斁[④]，俗有盛衰，时有彼此，事有变常，道有升降，法有损益。以道应时，以法制俗，当与万物之理相得于无穷，则夫善之所在，未可以废也。当与万物之变，相适于无常，则夫情之所在，未可以废也。陛下所以三岁一诏，旁集天下之士，亲降圣问，而使一介草莱[⑤]，类得发其涓埃之情，以助太山之崇高，沧溟之深远。如臣之愚，何足以与此？

然而臣闻：大道之世，货恶其弃于地也，不必藏于己，则

---

① 恣（zì）：放纵；听任，任凭。

② 蠡管之见：谦称自己的见解浅薄、狭隘，像从瓠瓢竹管里看天那样，所见有限。

③ 涓埃：细流与微尘。比喻微小。

④ 斁（yì）：厌弃；厌倦。

⑤ 草莱：犹草莽；野草。这里指布衣，平民。

俗之于物轻矣。力恶其不出于身也，不必为己，则俗之于我轻矣。不以我累道，不以物累我。天叙之中，夫妇之情，父子之性，君臣之义、兄弟之序，所谓有物者也。天秩之中，父厚于义而薄于仁，母厚于仁而薄于义。君无为而尊，臣有为而累，所谓有则者也。方是之时，上下之分，乌用辨哉？不必持衡与之为轻重，而人自以为平；不必探筹[①]与之为得失，而人自以为公。其正不必规矩，而天与之为方圆；其信不必符契[②]，而天与之为取与。方是之时，上下之志，乌用定哉？以故天之象，地之器，鸟兽之文，土地之宜，未有仰观而俯察者，则象与器，其孰制而用哉？法无所始，亦无所成；礼无所益，亦无所损。道之下降，在乎众器之间而已。人能轻物与我，而相与为天游，未有过礼而逾，不及礼而逼者，圣人盖未有患也。

然而污尊而饮[③]，捭[④]豚而食，遂以为礼；抟土为桴[⑤]，筑土为鼓，遂以为乐。营窟[⑥]橧巢，羽皮毛血，圣人恶其鄙野太甚。贵贱之分，长幼之序，饮食居处，几与鸟兽草木无以异焉。以故圣人作为礼法，以文其实。营窟橧巢[⑦]，未利于居也，为之

① 探筹：通过类似抽签的方式来决定事情的得失。
② 符契：符节，古代的一种信物。
③ 污尊而饮：掘地为坑当作酒尊来饮酒，描绘了远古时期人们简陋、古朴的生活与饮食方式。
④ 捭：分开；撕裂。
⑤ 抟土为桴：拍打泥土制作成鼓槌。
⑥ 营窟：人工挖掘的洞穴。
⑦ 橧（zēng）巢：聚柴薪造的巢形住处。

台榭宫室；草木血毛，未利乎食也，为之炮燔烹炙[①]；羽皮未利于服也，为之丝麻布帛；污尊抔饮，未利于饮也，为之范金合土。网罟之利佃渔，耒耜之利稼穑，刳剡之利于川，服乘之利于涂，弧矢之利御寇，击柝之利待暴。利用之法，详于此矣。然后制礼之文，施于饱食逸居之时，使远于禽兽。朝聘之礼，所以和君臣；冠婚之礼，所以正男女；祭祀之礼，所以交鬼神。为之射礼，以观其志体；为之乡礼，以辨其齿位[②]。合其欢也，为之燕礼；致其钦[③]也，为之享礼。

虽然，昔时鄙野之风稍趋于文，而文之弊，使人役有涯之生，随无穷之情，忘不可乱之分，徇不可必之物，其性失中，其心失性。以非废礼也逼，以美没礼也僭，遂丧天礼之自。尔者性命之情日入于衰薄，有如横流之冲，失其大防，汗漫而难制。是以朝聘之礼不足以和君臣，冠婚之礼不足以正男女，祭祀之礼不足以交鬼神，射乡之礼不足以仁州乡，食飨之礼不足以乐宾客。

然则礼之数，岂可废哉？有数而无义，则其制礼也不足以因情；有义而无数，则其制礼也不足以定分。“朝聘、乡射、燕飨、祭祀、冠婚之义，高下、隆杀、文质、广狭、多少之数”，所以见于圣问。而臣以为礼法之行，自圣与贵者始。贤者，先王以率愚；贵者，先王以率贱者也，数度存焉。其在宫室也，

---

① 炮燔（fán）烹炙：指不同的烹饪方法。体现了古人在饮食方面从简单生食到采用多种烹饪方式的进步。

② 齿位：年龄和地位。

③ 钦：尊敬，恭敬。

庙各有数，堂各有尺；其在衣服也，冕各有章，旒各有寸[①]；其在车旗也，常各有斿[②]，车各有乘；其在器皿也，所食之豆，所献之爵，其数有多寡，其用有贵贱。

虽然，礼数之于天下，岂特进其不及之才，敛其不平之气，以就绳约，然后以为得哉？有以多为贵者，以文为贵者，以大为贵者，以高为贵者，以其外心者也。有以少为贵者，以质为贵者，以小为贵者，以下为贵者，以其内心者也。内之为尊，外之为乐；少之为贵，多之为美。是故先王之礼，不可多也，故常不丰；不可寡也，故常不杀；惟其称而已。

天下之人，顾其教则谨其分，明其义则进其德，此其所以致治于未乱，止邪于未形欤？不然，而礼之近者，适人之情；礼之远者，明德而反本。刍豢[③]、稻粱[④]、庶羞[⑤]、酸咸，以养其口；椒兰芳苾，以养其鼻；雕琢、刻镂、黼黻、文章，以养其目；钟鼓、管磬、琴瑟、笙竽，以养其耳；疏房[⑥]、安车、越席[⑦]、床策，以养其体。此适其情者也。

圣人以此救上古之鄙野，不能使后世无文之弊，目之于色，耳之于声，鼻之于臭，口之于味，四肢之于安佚，未有能克己复礼以为仁焉。则礼之近者，适足使人流而为淫泰，乘而为诈

① 冕各有章，旒各有寸：不同身份地位的人所戴的冕，在样式、图文等方面有各自的规定，冕冠上垂挂的玉串长度也各有相应的尺寸标准。
② 斿（liú）：古代旌旗下垂的飘带等饰物。亦泛指旌旗；冕前后悬垂的玉串。
③ 刍豢：牛羊犬豕之类的家畜，泛指肉类食品。
④ 稻粱：稻谷和高粱。代指粮食。
⑤ 庶羞：多种美味。
⑥ 疏房：敞亮的房屋。
⑦ 越席：用蒲草编织的席。

伪耳。山藻之僭，澣濯[1]之陋，岂可废哉？是故圣人之制礼也，酒醴之美，而元酒、明水之尚；黼黻文章之美，而疏布之尚；莞簟之美，而蒲越、槁秸之尚；丹漆雕镂之美，而素车之尚。是故礼虽道德之下，及忠信之薄，而道德忠信所以不丧者，礼实明之也。礼之近者，适人之情，而人情之适未常放者，礼之所尚，不在乎美者而已。

二帝三代，以法趋时，以义起礼，不能有异于此，特其详略未可同耳。故臣尝言：道无常也，未始有弊焉，必有升降者，礼法为之也；时无止也，未始有弊焉，或有彼此者，习俗为之也。继道以致用者，善也；制善以致治者，法也。异法者，彼此之时；异时者，盛衰之俗；异俗者，新故之物。物之新故，俗之盛衰，未始有常也，则以法趋时，以义起礼，岂有一定之论哉？是故圣人之在下者，或清或和，以矫一时之俗，而救其弊焉，则有三子之行。圣人之在上者，或损或益，以应一时之俗，而救其弊焉，则有三王之礼。然而道失而后德，则二帝之趋时也，致隆于德，未能以为皇。德失而后仁，仁失而后义，义失而后礼，则三代之趋时也，致隆于业，未能以为帝。道也，德也，业也，皆圣人所能有者也；其用之异者，以制俗异之也。皇也、帝也、王也，皆圣人所能为者也；其名之异者，以应时异之也。

臣谓有成与亏者，法也；无成与亏者，道也。无成与亏之中，注之不盈，酌之不竭。万法之造，费之弥多，资之愈有。唐而后成，周而后备，于形色名声，不可以为量数。若夫制于礼者

① 澣濯：洗涤。

为之，非特不可以致治也，必待数百岁，其智足以相备者而后全。若夫休道者虑后而致隆，则尧之所成，周之所备，伏羲旦暮而陈之，奚必俟唐与周哉？臣谓时之所缓，圣人不以为急；俗之所恶，圣人不以为好。是故五帝而上，其书谓之三坟，言大道也；二帝而下，其书谓之二典[①]，言常道也。然而常道之用，又其大道之降者欤？不然，而忠质之过也。周以极盛之文而救之，盖自夏商之末，仁义失尽矣。则周之所以救其弊者，其有礼欤？尽仁之数以制礼，尽礼之数以制法，辨等之仪，教节之度，尤详于二代，则大道之降者，未足以为怪也。后世之难治，惟其物我大重。我重而逾，物重而逼，无穷之欲，不测之变，不可以略制也。行法之吏，至于三百六十而后已，岂其好详哉？礼以义起，法以时行而已。

臣观三代之盛，忠质文之不同道，服器官之不同法，相沿以情，相革以迹。朝聘之勤，燕享之欢，祭祀之诚，婚姻之好，欢然有恩以相爱，粲然有文以相接。彰之以车服，扬之以声音，光之以诗书，明之以藻色，其犹一元之散，遂华万物而为春欤！和气之中，声色万类，飞者翔，走者伏，潜者跃，并行而不相悖，并育而不相害，莫知为之者。三皇之世，未著于德义，其犹一元之含万物欤！二帝之喻，则向乎春矣。陛下体道在上，造化群材，因革庶政，教令刑禁，下行上施，其犹天道之运四时欤！

---

①二典：指的是《尚书》中的《尧典》和《舜典》。

作者使复[①]，枯者使荣，则春之风雷；散者使敛，华者使实，则秋之霜露。将与有生之类还淳反一，而为太古之游，固陛下之志也。若夫宫室之度，器服之用，冠婚之义，祭飨之节，率皆纷乱苟简，未复三代之遗法，岂可望哉！念此，宜圣策之所及也。

臣闻不能以礼趋时，则其为法也无功；不能以义起礼，则其为法也无道。礼乐之情同，明王以相沿，知礼有所因。三王异世，不相袭礼，则礼有损益。商因于夏礼，所损益可知也，损其文而益之以质故也；周因于商礼，所损益可知也，损其质而益之以文故也。其或继周者，虽百世可知也。文弊则质救之，质弊则文救之，文质相代而趋于中，盖虽百世不能易也。伪者文之过，野者质之过。继文之过[②]，必过于质而救之，此孔子所以欲从先进欤？时也，惟夏之从；车也，惟商之从；服也，惟周之从；乐也，惟舜之从。郑声之淫，非所可欲者也。文弊之俗，皆溺于此乐，则惟舜之从，然后郑声可以放焉。

自秦继周，礼之情不能有所因，乃滋法令以酷天下；礼之文不能有所损，乃极奢侈以穷其欲。不能以智出义，以义明德；

① 作者使复：让那些开始生长、兴起的事物能够回归到正常、良好的发展状态，使其生长过程更加有序、稳固。强调了一种促进生长、规范发展的积极作用，就如同春天的风雷对万物生长起到的正向推动和调节功效。作，兴起、生长。

② 继文之过：承接了“文”过度发展所带来的弊端。当“文”的方面过度发展时，可能会导致过于注重形式、礼仪的繁文缛节，而忽视了内在的实质和真诚。比如在一些礼仪活动中，如果只注重外在的仪式、排场，而缺乏对礼仪所蕴含的情感和道德意义的理解与践行，就体现了“文”之过。

不能以仁出礼，以礼明分。苟以徒法而制天下，礼之近者又从而充之，古远而难行者类弃而不为。遂使天下之俗，流而为淫泰，乘而为诈伪，淫为郑声，殆为佞人，则其制天下也，适足以为乱焉。岂能辨上下，定民志，使恭敬樽节，欢欣交通，以戴其上哉？若夫诸侯乘牛车，庶人处侯宅，贫以不给而废礼，富以有余而僭上，宫室之度，服器之用，冠婚之义，祭飨之节，率皆纷乱苟简，未足以为怪也。汉文帝好道家之学，以为繁礼饰貌，无益于治，皆罢去之，专务朴素。然而文帝岂能监周之弊而致然哉？会其所好，适近圣人继周之意，故其屋壁得为帝服，倡优得为后饰、卖僮婢妾，富人大贾皆得以上僭，莫之制焉。斯亦文帝不能以义起礼之过也。呜呼！文帝畏甚高论，而释之与言秦汉间事而已。唐太宗好三代之礼乐，房、杜[①]不能对者。故其为礼也，沿秦故以为汉，沿隋故以为唐，其治卒愧乎三代，而使三代本数末度，寂寥数千载间，未有能振之者，可胜惜哉！陛下慨然有志于此，将欲贫者不至于废礼，富者不至于犯义，文不至于野，趋乎文质之中，非特天下后世受其赐也，斯文不亦幸乎！

臣闻有其德而无其位，不敢作礼乐焉，为其无行礼乐之权也；有其位而无其德，不敢作礼乐焉，为其无立礼乐之道也。而今陛下尊为天子，有其权矣；德为圣人，有其道矣；何惮而不为？然而不能因俗，则礼失人；不能制俗，则人失礼。礼失人也无情，人失礼也无分。陛下以义起礼，而臣言其所以因俗、所以制俗而已。寒暖燥湿异气，刚柔轻重异齐，器械异制，衣

---

①房、杜：唐代名相房玄龄与杜如晦的并称。

服异宜，饮食异和，此天理之所异者，俗之所宜，先王之所因。析言破律[①]，乱名左道，淫声异服，奇技奸色，行伪而坚，言伪而辩，学非而博，顺非而泽，有疑于众；圭璧金璋[②]，锦文珠玉，或不中度，或不中幅，或不中量，或不中仪，有行于市。此人伪之所异者，俗之所病。先王之禁，因其所宜，而弗禁其所异。天下之人，心与物化，志逐利往，譬如新生之犊，猖狂而趋，未知其所向。则虽以义明法，以数定分，敛其放肆以就绳约，亦已劳矣。是故大司徒施十有二教，所以因俗者一，所以制俗者四。太宰以八则治都鄙，以礼驭其民，则其制俗者也；以俗驭其民，则其因俗者也。盖惟圣人以道出法，以德制行，然后能为因俗而与之同，能为制俗而与之异。其因俗而与之同也，则能使之欢欣交通；其制俗而与之异也，则能使之恭敬樽节[③]。礼之远者，使之知所尚焉，则能明德反本，而不溺于忠信之薄。道德之下衰，三代之礼可得而终始也。此臣之计也。

---

① 析言破律：故意对法律条文进行别出心裁的分析、曲解，以达到徇私枉法或者破坏既有规则、制度的目的。也就是通过对言辞进行不当的分别解说来打破法律、戒律，从而扰乱名分，使用不正当的手段。析言，分开说；区别地说。

② 圭璧金璋：各种贵重的玉器和黄金制品。璋，也是一种玉器，形状像半个圭。

③ 樽节：节省，约束，节制。

文化常识

知识点	解读
朝聘	《礼记·王制》记载诸侯朝见天子，“比年一小聘，三年一大聘，五年一朝。”“聘”是指古代诸侯国之间，或诸侯与天子之间的一种外交礼仪活动，具体含义是派遣使者进行问候、致意或进行某种特定的外交往来。小聘指的是诸侯国派遣较低级别的使者（如大夫等）前往天子处进行问候或表示敬意。这种活动相对较为简单，主要是为了维持与天子的联系和表示臣服。大聘指的是诸侯国派遣较高级别的使者（如卿等）前往天子处进行更为隆重的问候或进行重要的外交活动。这种活动相对复杂，涉及更多的礼仪和礼物。朝指的是诸侯亲自前往天子所在的地方进行朝见，这是最隆重的礼仪活动。
乡射礼	通常有两种，一种是在春秋两季，由乡大夫在乡学里主持的射箭比赛，目的是通过射箭来选拔人才，考察和培养士人的德行、技艺以及团队协作精神等；另一种是州官在春秋会民习射时所行之礼。
加冠礼	古代男子到成年（一般在二十岁）举行加冠礼。加冠礼是一种重要仪式，标志着其从少年步入成年，要承担起相应的社会责任和义务。

续表

知识点	解读
符节	古代的一种信物,通常由朝廷或官方制作,分为两半,双方各执其一,合在一起可以作为凭证或信物,以表示信用、承诺或授权等。文中“其信不必符契”一句,意思是其信用不需要像符节那样的外在信物来证明,上天自会给予其取予之道,强调一种天然的诚信,无需外在的凭证。《韩非子•主道》中的“符契之所合,赏罚之所生也”,《三国名臣序赞》中的“君臣相體,若合符契”里的“符契”也都是“符节”之意。
探筹投钩	古代一种抽签的方式,用于决策和选择,以保证公平性。这种方式类似于现代的抽签或抓阄,通过随机抽取来决定结果。《荀子•君道》中提到:“探筹投钩者,所以为公也。”王先谦集解引郝懿行注:“探筹,剡竹为书,令人探取,盖如今之掣签。”这种方式在《荀子•君道》中被描述为追求公平的一种手段,后世也常用于抓阄做官的文雅说法。在《后汉书•胡广传》中也有记载,汉顺帝通过“探筹”选皇后,北齐刘昼《新论•去情》也提到“投策探钩”用于分配财物。
炮	用烂泥涂裹食物置火中煨烤,这种烹饪方式能让食物在泥的包裹下均匀受热,锁住水分和香味。在古代,人们将捕获的野兽用湿泥包裹起来,放在火中烤制,待泥干后敲碎,就可以吃到美味的食物。
燔	将食物直接放在火上烧烤,让食物表面迅速受热,产生独特的焦香味道。

续表

知识点	解读
烹	用锅具盛水，将食物放入水中加热煮熟。这是一种较为常见且能使食物充分熟透、营养更易吸收的烹饪方法，像煮蔬菜、煮肉类等都属于“烹”的范畴。
炙	通常是将食物串起来或平铺在烤具上，用小火慢慢烤制，使食物熟透且口感鲜嫩。比如常见的烤肉串，就是“炙”这种烹饪方法的体现。
章服	一种有图文作为等级标志的礼服或官服。
冕	古代帝王、诸侯及卿大夫所戴的礼帽。
庶羞	语出《仪礼·公食大夫礼》“上大夫庶羞二十，加於下大夫以雉兔鹑駕”。《水浒传》第八十二回中也有“五俎八簋，百味庶羞”。
安车	古代可以坐乘的小车。古车一般为立乘，而安车是坐乘，常供年老的高级官员及贵妇人乘用。当高官告老还乡或者朝廷征召有重望的人时，往往会赐乘安车。安车多用一马，礼尊者则用四马。如《周礼·春官·巾车》“安車，彫面鷖總，皆有容蓋”以及《汉书·张禹传》“賜安車駟馬，黄金百斤，罷就第”等书证中，“安车”也都是此含义。 在此文语境里，“疏房、安车、越席、床策，以养其体” 描述的是通过不同的事物来调养身体，“安车”作为出行的交通工具，乘坐舒适，与疏房（宽敞的房屋）、越席（蒲草编的席子）、床策（床和竹席）等一样，是用来调养身体的事物之一。

续表

知识点	解读
二典	《尚书》是我国最早的一部历史文献汇编。其中《尧典》详细记载了唐尧的事迹，包括他钦明文思、克明俊德的品德，以及命羲和观测天象、制定历法，禅位于舜等诸多内容，展现了唐尧时期的政治、天文、人事等方面的情况。《舜典》则主要记述了虞舜的事迹，像舜的孝道、他继承帝位后的一系列政治举措，如巡守四方、祭祀山川、任用贤能等。这两篇文献体现了上古时期贤明君主的治国理念与道德规范，代表着“常道”，也就是常规、恒久的道理和准则。在古代文化语境中，“二典”常被视作上古圣君治国理政、垂范后世的典范之作。
“文”与“质”	在古代文化语境中，“文”常与“质”相对。“文”一般代表着文采、礼仪、形式等外在的、修饰性的方面；“质”则代表质朴、本真、内在的品质等。例如《论语·雍也》中提到“质胜文则野，文胜质则史，文质彬彬，然后君子”，强调了“文”与“质”要达到一种平衡。
圭璧	古代帝王、诸侯在祭祀或朝聘时使用的一种玉器，是玉圭与玉璧合一的形制。有时，也指两类玉器的合称。根据《周礼·春官·大宗伯》的记载，玉圭是古代帝王、诸侯朝聘、祭祀、丧葬时所用的玉制礼器，为瑞信之物。长条形，上尖下方，也作“珪”。玉璧为圆形扁平状玉器，中央有孔，也是常用礼器。两者大小、纹饰皆因用途和使用者身份而有别。
房谋杜断	唐太宗时宰相房玄龄、杜如晦共掌朝政，房氏多谋，杜氏善断。泛指多谋善断。

宋理宗宝祐四年（1256）丙辰科

文天祥

（1236—1283）

字宋瑞，又字履善，号文山，江西吉州庐陵县（今吉安县）人。宋朝末期著名的政治家和诗人，中国历史上杰出的英雄。

为官期间，坚持政治改革，关心民间疾苦，坚决同朝廷中的投降派作斗争。咸淳十年（1274），文天祥任赣州知州。次年，元军大举进攻江南，他组织义军，奋起抵抗。而后元兵逼近南宋国都临安（今杭州），作为右丞相枢密使，他奉命出使元营，慷慨陈词。朝廷降元，他被元兵扣留，押解北上。过镇江时，文天祥乘夜逃脱，经历了千难万险，来到福建。他再次起兵抗元，并赴江西收复失地，后失利回广东。

祥兴元年（1278），文天祥于广东海丰遭元兵袭击而被俘。元兵押他乘船至厓山，逼他给宋军统帅写劝降信，他严正拒绝，而作《过零丁洋》，其中有“人生自古谁无死，留取丹心照汗青”的名句。厓山战败，宋朝灭亡，文天祥被押送到大都（今北京），途中死、逃均不成。被囚禁三年多，写下《正气歌》等著名诗作。其一生著有大量诗文，收在《文山先生全集》中。

皇帝：宋理宗赵昀

问：

盖闻道之大原出于天[①]，超乎无极太极[②]之妙，而实不离乎日用事物之常；根乎阴阳五行之赜[③]，而实不外乎仁义礼智、刚柔善恶之际。天以澄著，地以靖谧，人极[④]以昭明，何莫由斯道也！圣圣相传，同此一道。由修身而治人，由致知而齐家、治国、平天下，本之精神心术，达之礼乐刑政，其体甚微，其用则广，历千万世而不可易。然功化有浅深，证效有迟速者，何欤？朕以寡昧[⑤]，临政愿治，于兹历年。志愈勤，道愈远，窅[⑥]乎其未朕也，朕心疑焉。子大夫明先圣之术，咸造在廷，必有切至之论，朕将虚己以听。

问：

《三坟》[⑦]而上，大道难名；《五典》[⑧]以来，常道始著。日月星辰顺乎上，鸟兽草木若于下。九功惟叙，四夷来

---

① 道之大原出于天：儒家认为“道”的根源来自天（宇宙规律）。出自董仲舒《举贤良对策》：“道之大原出于天，天不变，道亦不变。”

② 无极太极：哲学术语。太极是派生万物的本原。《易·系辞上》：“易有太极，是生两仪，两仪生四象，四象生八卦。”无极是无形无象、不可名状的终极状态。《老子》：“复归于无极。”

③ 赜（zé）：幽深玄妙。

④ 人极：即人道准则。

⑤ 寡昧：知识浅陋，不明事理。

⑥ 窅（yǎo）：深远难见的样子。

⑦《三坟》：传说中三皇（伏羲、神农、黄帝）之书称《三坟》。

⑧《五典》：传说中五帝（少昊、颛顼、帝喾、尧、舜）之书称《五典》。

王[1]，百工熙哉，庶事康哉，非圣神功化之验欤？然人心道心，寂寥片语，其危微精一[2]之妙，不可以言既欤？誓何为而畔，会何为而疑，俗何以不若结绳，治何以不若画像？以政凝民，以礼凝士，以《天保》《采薇》[3]治内外，忧勤危惧，仅克有济。何帝王劳逸之殊欤？抑随时损益，道不同欤？及夫六典[4]建官，盖为民极，则不过曰治、曰教、曰礼、曰政、曰刑、曰事而已。岂道之外，又有法欤？

问：

自时厥后，以理欲之消长，验世道污隆[5]，阴浊之日常多，阳明之日常少。刑名杂霸，佛老异端，无一毫几乎道，驳乎无以议为。然务德化者，不能无上郡、雁门[6]之警；施仁义者，不能无末年轮台之悔；甚而无积仁累德之素，纪纲制度为足维持凭借者，又何欤？

---

① 九功惟叙，四夷来王：指政教昌明，边疆民族归附。出自《尚书·大禹谟》："九功惟叙，九叙惟歌……四夷来王。"

② 人心道心、危微精一：出自《尚书·大禹谟》："人心惟危，道心惟微，惟精惟一，允执厥中。"宋代理学视其为"十六字心传"。

③《天保》《采薇》：皆是《诗经》篇名，《天保》颂君主福泽，《采薇》写戍边艰辛和怀归之情。

④ 六典：即文章后面的治、教、礼、政、刑、事六种典制。

⑤ 污隆：指世道的盛衰和政治的兴替。

⑥ 上郡、雁门：郡名，皆为汉代边防要地，在今陕西北部、山西北部。这里代指边疆战争。

问：

朕上嘉下乐，夙兴夜寐，靡遑康宁[①]。道久而未洽，化久而未成，天变洊臻[②]，民生寡遂。人才乏而士习浮，国计殚而兵力弱。符泽[③]未清，边备孔棘，岂道不足以御世欤？抑化裁推行有未至欤？

问：

夫不息则久，久则征，今胡为而未征欤？变则通，通则久，今其可以屡更欤？子大夫熟之复之，勿激勿泛，以副朕详延之意。

状元殿试卷　文天祥

臣对：

臣有以见陛下溯道之本原，求道之功效，且疑而质之臣等也。臣闻圣人之心，天地之心也；天地之道，圣人之道也。分而言之，则道自道，天地自天地，圣人自圣人。合而言之，则道一不息也，天地一不息也，圣人亦一不息也。臣请溯其本原言之。

① 靡遑康宁：不能安定宁静。
② 洊（jiàn）臻：天灾纷至沓来。洊，同“荐”。
③ 符泽：指草泽地带，引申为草寇聚集之处。

茫茫堪舆[①]，坱圠[②]无垠，浑浑元气，变化无端，人心仁义礼智之性未赋也，刚柔善恶之气未禀也。当是时，未有人心，先有五行；未有五行，先有阴阳；未有阴阳，先有无极太极；未有无极太极，则太虚无形，冲漠[③]无眹，而先有此道。未有物之先，而道具焉，道之体也；既有物之后，而道行焉，道之用也。其体则微，其用则广，即人心而道在人心，即五行而道在五行，即阴阳而道在阴阳，即无极太极而道在无极太极。贯显微，兼费隐[④]，包小大，通物我。道何以若此哉？道之在天下，犹水之在地中；地中无往而非水，天下无往而非道。水，一不息之流也；道，一不息之用也。天以澄著，则日月星辰循其经；地以靖谧，则山川草木顺其常；人极以昭明，则君臣父子安其伦。流行古今，纲纪造化，何莫由斯道也！一日而道息焉，虽三才不能以自立。道之不息，功用固如此。

夫圣人，体天地之不息者也。天地以此道而不息，圣人亦以此道而不息。圣人立不息之体，则敛于修身；推不息之用，则散于治人。立不息之体，则寓于致知以下之功夫；推不息之用，则显于齐家、治国、平天下之效验。立不息之体，则本之精神心术之微；推不息之用，则达之礼乐刑政之著。圣人之所以为圣人者，犹天地之所以为天地也。道之在天地间者，常久而不息；圣人之于道，其可以顷刻息邪？言不息之理者，莫如

① 堪舆：天地的总称。堪为高处，舆为低处，天高地下之意。
② 坱圠（yǎng yà）：形容漫无边际。
③ 冲漠：虚寂恬静。
④ 费隐：政治主张不同则隐居不仕。

《大易》，莫如《中庸》。《大易》之道，至于乾道变化，各正性命，保合太和，而圣人之论法天，乃归之自强不息。《中庸》之道，至于溥博[①]渊泉、上天之载，无声无臭。而圣人之论配天地，乃归之不息则久。岂非乾之所以刚健中正、纯粹精也者，一不息之道耳。是以法天者，亦以一不息。《中庸》之所以高明博厚、悠久无疆者，一不息之道耳。是以配天地者，亦以一不息。以不息之心，行不息之道，圣人即不息之天地也。

陛下临政愿治，于兹历年。前此不息之岁月，犹日之自朝而午；今此不息之岁月，犹日之至午而中。此正勉强行道，大有功之日也。陛下勿谓数十年间，我之所以担当宇宙，把握天地，未尝不以此道，至于今日，而道之验如此其迂且远矣。以臣观之，道犹百里之途也，今日则适六七十之候也。进于道者，不可以中道而废；游于途者，不可以中途而画。孜孜矻矻[②]而不自已焉，则适六七十里者，固所以为至百里之阶也。不然，自止于六七十里之间，则百里虽近焉，能以一武到哉？道无浅功化，行道者何可以深为迂？道无速证效，行道者何可以迟为远？惟不息，则能极道之功化；惟不息，则能极道之证效。气机动荡于三极之间，神采灌注于万有之表，要自陛下此一心始。臣不暇远举，请以仁宗皇帝事为陛下陈之。

仁祖，一不息之天地也。康定之诏曰："祗勤抑畏"；庆历之诏曰："不敢荒宁[③]"；皇祐之诏曰："缅念为君之难，深

① 溥博：周遍广远。
② 孜孜矻（kū）矻：勤勉不懈貌。
③ 荒宁：荒废懈怠，贪图安逸。

惟履位之重。”庆历不息之心，即康定不息之心也；皇祐不息之心，即庆历不息之心也。当时，仁祖以道德感天心，以福禄胜人力，国家绥静，边鄙宁谧，若可以已矣，而犹未也。至和元年，仁祖之三十三年也，方且露立仰天，以畏天变，碎通天犀以救民生。处贾黯吏铨之职，擢公弼殿柱[①]之名，以厚人才，以昌士习；纳景初减用之言，听范镇新兵之谏，以裕国计，以强兵力。以至讲《周礼》，薄征缓刑，而拳拳以盗贼为忧；选将帅，明纪律，而汲汲以西戎北虏为虑。仁祖之心，至此而不息，则与天地同其悠久矣。陛下之心，仁祖之心也。范祖禹有言：欲法尧舜，惟法仁祖。臣亦曰：欲法帝王，惟法仁祖。法仁祖则可至天德，愿加圣心焉。

臣伏读圣策曰：《三坟》以上云云，岂道之外，又有法欤？臣有以见陛下慕帝王之功化证效，而亦意其各有浅深迟速也。臣闻帝王行道之心，一不息而已矣。尧之兢兢，舜之业业，禹之孜孜，汤之栗栗，文王之不已，武王之无贰，成王之无逸，皆是物也。《三坟》远矣，《五典》犹有可论者。臣尝以《五典》所载之事推之。当是时，日月星辰之顺，以道而顺也；鸟兽草木之若，以道而若也；九功惟叙，以道而叙也；四夷来王，以道而来王也。百工以道而熙，庶事以道而康。光天之下，至于海隅苍生，盖无一而不拜帝道之赐矣。垂衣拱手，以自逸于土阶岩廊之上，夫谁曰不可？而尧舜不然也。方且考绩之法，重

① 殿柱：指朝廷中如支柱般重要的官职。

于三岁，无岁而敢息也；授历之命，严于四时，无月而敢息也；凛凛乎一日二日之戒，无日而敢息也。此犹可也。授受之际而尧之命舜乃曰“允执厥中[①]”。夫谓之“执”者，战兢保持而不敢少放之谓也。味斯语也，则尧之不息可见已。《河图》出矣，《洛书》见矣，执中[②]之说未闻也，而尧独言之。尧之言赘矣。而舜之命禹，乃复益之以“人心惟危，道心惟微，惟精惟一”之三言。夫致察于危微精一之间，则其战兢保持之念，又有甚于尧者，舜之心其不息，又何如哉！是以尧之道化，不惟验于七十年在位之日；舜之道化，不惟验于五十年视阜之时。

读“万世永赖”之语，则唐虞而下数千百年间，天得以为天，地得以为地，人得以为人者，皆尧舜之赐也。然则功化抑何其深，证效抑何其迟欤！降是而王，非固劳于帝者也。太朴[③]日散，风气日开，人心之机械日益巧，世变之乘除不息[④]，而圣人之所以纲维世变者，亦与之相为不息焉。俗非结绳之淳[⑤]也，治非画像之古也，师不得不誓，侯不得不会，民不得不凝之以政，士不得不凝之以礼。内外异治，不得不以《采薇》《天保》之治治之。以至六典建官，其所以曰治、曰政、曰礼、曰教、曰刑、曰事者，亦无非扶世道而不使之穷耳。以势而论之，则夏之治不如唐虞，商之治又不如夏，周之治又不如商。帝之所

① 允执厥中：言行符合不偏不倚的中正之道。
② 执中：持中庸之道，无过与不及。
③ 太朴：太素。质之始也。
④ 乘除不息：消长而不停止。乘除，荣衰、消长之意。
⑤ 结绳之淳：结绳是文字产生前的一种记事方法。这里指上古时代之淳朴风俗。

以帝者何其逸！王之所以王者何其劳！栗栗危惧，不如非心黄屋者之为适也；始于忧勤，不如恭己南面者之为安也。然以心而观，则舜之业业，即尧之兢兢；禹之孜孜，即舜之业业；汤之栗栗，即禹之孜孜。文王之不已，武王之无贰，成王之无逸，何莫非兢兢业业、孜孜栗栗之推也。道之散于宇宙间者，无一日息；帝王之所以行道者，亦无一日息。帝王之心，天地之心也，尚可以帝者之为逸而王者之为劳耶？臣愿陛下求帝王之道，必求帝王之心，则今日之功化证效，或可与帝王一视矣。

臣伏读圣策曰：自时厥后云云，亦足以维持凭藉者，何欤？臣有以见陛下陋汉、唐之功化证效，而且为汉、唐世道发一慨也。臣闻不息则天，息则人；不息则理，息则欲；不息则阳明，息则阴浊。汉、唐诸君天资敏，地位高，使稍有进道之心，则六五帝，四三王，亦未有难能者。奈何天不足以制人，而天反为人所制；理不足以御欲，而理反为欲所御；阳明不足以胜阴浊，而阳明反为阴浊所胜？是以勇于进道者少，沮于求道者多，汉、唐之所以不唐虞三代也欤！虽然，是为不知道者言也，其间亦有号为知道者矣。汉之文帝、武帝，唐之太宗，亦不可谓非知道者，然而亦有议焉。先儒尝论汉、唐诸君，以公私、义利分数[1]多少为治乱。三君之心往往不纯乎天，不纯乎人，而出入于天人之间；不纯乎理，不纯乎欲，而出入乎理欲之间；不纯乎阳明，不纯乎阴浊，而出入乎阳明阴浊之间。是以专务德化，

① 分数：比例，程度。

虽足以陶后元泰和之风，然而尼之以黄老，则雁门、上郡之警[①]不能无。外施仁义，虽足以致建元富庶之盛，然而遏之以多欲，则轮台末年之悔不能免。四年行仁，虽足以开贞观升平之治，然而画之以近效，则纪纲制度曾不足为再世之凭借。盖有一分之道心者，固足以就一分之事功；有一分之人心者，亦足以召一分之事变，世道污隆之分数，亦系于理欲消长之分数而已。

然臣尝思之，汉、唐以来为道之累者，其大有二：一曰杂伯，二曰异端。时君世主有志于求道者，不陷于此，则陷于彼。姑就三君而言，则文帝之心，异端累之也；武帝、太宗之心，杂伯累之也。武帝无得于道，宪章六经，统一圣真，不足以胜其神仙土木之私、干戈刑罚之惨，其心也荒。太宗全不知道，闺门[②]之耻，将相之夸，末年辽东一行，终不能以克其血气之暴，其心也骄。杂伯一念，憧憧往来，是固不足以语常久不息之事者。若文帝稍有帝王之天资，稍有帝王之地步，一以君子长者之道待天下，而晁错辈刑名之说未尝一动其心，是不累于杂伯矣。使其以二三十年恭俭之心，而移之以求道，则后元气象且将骎骎[③]乎商周，进进乎唐虞。奈何帝之纯心又间于黄老之清静？以文帝仅得为汉、唐之令主，而不得一侪于帝王。呜呼！武帝、太宗累于杂伯，君子固不敢以帝王事望之。文帝不为杂伯所累，而不能不累于异端，是则重可惜已。臣愿陛下监汉、唐之迹，

① 雁门、上郡之警：汉文帝时匈奴侵扰边境，归因于过度推行黄老无为。雁门郡在今山西，上郡在今陕西。

② 闺门：古代称内室的门，亦指家门。

③ 骎（qīn）骎：渐进的样子。

必监汉、唐之心，则今日之功化证效，将超汉、唐数等矣。

臣伏读圣策曰：朕上嘉下乐云云，抑化裁推行有未至欤？臣有以见陛下念今日八者之务，而甚有望乎为道之验也。臣闻天变之来，民怨招之也；人才之乏，士习蛊之也；兵力之弱，国计屈之也；虏寇之警，盗贼因之也。夫陛下以上嘉下乐之勤，夙兴夜寐之劳，怅岁月之逾迈，亦欲以少见吾道之验耳。俯视一世，未能差强人意。八者之弊，臣知陛下为此不满也。陛下分而以八事问，臣合而以四事对，请得以熟数之于前。

何谓天变之来，民怨招之也？天视自我民视，天听自我民听，天明威自我民明威。人心之休戚，天心所因以为喜怒者也。熙宁间大旱，是时河陕流民入京师。监门郑侠画《流民图》[①]以献，且曰："陛下南征北伐，皆以胜捷之图来上，料无一人以父母妻子迁移困顿、皇皇不给之状为图以进者。览臣之图，行臣之言，十日不雨，乞正欺君之罪！"上为之罢新法十八事，京师大雨八日。天人之交，间不容发，载在经史，此类甚多。

陛下以为今之民生何如邪？今之民生困矣！自琼林、大盈[②]积于私贮而民困，自建章、通天频于营缮而民困，自献助叠见于豪家巨室而民困，自和籴不间于闾阎下户而民困，自所至贪官暴吏视吾民如家鸡圈豕，惟所咀啖而民困。呜呼！东南

①《流民图》：1074年，王安石变法期间，监门郑侠绘灾民图进谏神宗，导致新法暂停。

②琼林、大盈：琼林，库名，唐德宗时设；大盈，库名，唐玄宗时设，用于收藏各地贡物，后为历代帝王沿用，成为皇帝私库的代称。

民力竭矣。《书》曰："怨岂在明，不见是图。"今尚可谓之不见乎？《书》曰："怨不在大，亦不在小。"今尚可谓之小乎？生斯世，为斯民，仰事俯育，亦欲各遂其父母妻子之乐。而操斧斤，淬锋锷，日夜思所以斩伐其命脉者，滔滔皆是。然则腊雪靳瑞[1]，蛰雷愆期，月犯于木，星殒为石，以至土雨地震之变，无怪乎屡书不一书也。臣愿陛下持不息之心，急求所以为安民之道，则民生既和，天变或于是而弭矣。

何谓人才之乏，士习蛊之也？臣闻穷之所养，达之所施；幼之所学，壮之所行；今日之修于家，他日之行于天子之庭者也。国初诸老尝以厚士习为先务。宁收落韵之李迪，不取凿说之贾边；宁收直言之苏辙，不取险怪之刘几。建学校，则必欲崇经术；复乡举，则必欲参行艺。其后国子监取湖学法，建经学、治道、边防、水利等斋，使学者因其名以求其实。当时如程颐、徐积、吕希哲皆出其中。呜呼！此元祐人物之所从出也。士习厚薄，最关人才，从古以来，其语如此。

陛下以为今之士习何如邪？今之士大夫之家有子而教之。方其幼也，则授其句读，择其不戾于时好、不震于有司者，俾熟复焉。及其长也，细书为工，累牍为富。持试于乡校者以是，较艺于科举者以是，取青紫而得车马也以是。父兄之所教诏，师友之所讲明，利而已矣。其能卓然自拔于流俗者，几何人哉？心术既坏于未仕之前，则气节可想于既仕之后。以之领郡邑，

[1] 靳（jìn）瑞：靳，吝惜、不肯给予。瑞，吉祥、好预兆。可理解为吝惜祥瑞，也就是不出现、不给予应有的祥瑞之象。

如之何责其为卓茂、黄霸？以之镇一路，如之何责其为苏章、何武？以之曳朝绅，如之何责其为汲黯、望之？奔竞于势要之路者，无怪也；趋附于权贵之门者，无怪也；牛维马絷①，狗苟蝇营，患得患失，无所不至者，无怪也。悠悠风尘，靡靡媮俗，清芬消歇，浊滓横流。惟皇降衷、秉彝之懿萌蘖②于牛羊斧斤相寻之冲者，其有几哉？厚今之人才，臣以为变今之士习而后可也。臣愿陛下持不息之心，急求所以为淑士之道，则士风一淳，人才或于是而可得矣。

何谓兵力之弱，国计屈之也？谨按国史，治平间遣使募京畿、淮南兵，司马光言："边臣之请兵无穷，朝廷之募兵无已；仓库之粟帛有限，百姓之膏血有涯。愿罢招禁军，训练旧有之兵，自可备御。"臣闻古今天下能免于弱者，必不能免于贫；能免于贫者，必不能免于弱。一利之兴，一害之伏，未有交受其害者。今之兵财，则交受其害矣。自东海城筑而调淮兵以防海，则两淮之兵不足；自襄樊复归而并荆兵以城襄，则荆湖之兵不足；自腥气染于汉水，冤血溅于宝峰，而正军忠义空于死徙者过半，则川蜀之兵又不足。江淮之兵又抽而入蜀，又抽而实荆，则下流之兵愈不足矣。荆湖之兵又分而策应，分而镇抚，则上流之兵愈不足矣。夫国之所恃以自卫者，兵也。而今之兵不足如此，国安得而不弱哉？

扶其弱而归之强，则招兵之策，今日直有所不得已者。然

---

① 牛维马絷（zhí）：比喻像被束缚的牛马一样。
② 萌蘖（niè）：植物的萌芽。

召募方新，调度转急。问之大农，大农无财；问之版曹，版曹无财；问之饷司，饷司无财。自岁币银绢外，未闻有画一策为军食计者。是则弱矣，而又未免于贫也。陛下自肝鬲，近又创一安边太平库，专一供军，此艺祖积缣帛以易贼首之心也，仁宗皇帝出钱帛以助兵革之心也。转易之间，风采立异，前日之弱者可强矣。然飞刍挽粟[①]，给饷馈粮，费于兵者几何？而琳宫梵宇[②]照耀湖山，土木之费则漏卮[③]也。列灶云屯，樵苏后爨[④]，费于兵者几何？而霓裳羽衣，靡金饰翠，宫庭之费则尾闾也。生熟口券，月给衣粮，费于兵者几何？而量珠辇玉，幸宠希恩，戚畹[⑤]之费则滥觞也。盖天下之财专以供军，则财未有不足者。第重之以浮费，重之以冗费，则财始瓶罄而罍耻矣。如此则虽欲足兵，其何以给兵耶？臣愿陛下持不息之心，急求所以为节财之道，则财计以充，兵力或于是而可强矣。

何谓虏寇之警，盗贼因之也？谨按国史：绍兴间杨么寇洞庭，连跨数郡，大将王瓒不能制。时伪齐挟虏，使李成寇襄汉，么与交通。朝廷患之，始命岳飞措置上流，已而逐李成，擒杨么，而荆湖平。臣闻外之虏寇，不能为中国患，而其来也，必待内之变；内之盗贼，亦不能为中国患，而其起也，必将纳外之侮。盗贼而至于通虏寇，则腹心之大患也已。今之所谓虏者，固可畏矣。

---

① 飞刍挽粟：极速运送粮草。

② 琳宫梵宇：道观佛寺，此处泛指宗教建筑。

③ 漏卮（zhī）："卮"同"巵"，古代的一种酒器。漏卮即有漏洞的酒器，常用来比喻利益外溢、财富外流或耗费资财没有节制的情况。

④ 樵苏后爨（cuàn）：士兵们要先打柴割草，然后才能生活做饭。

⑤ 戚畹：犹戚里，指的是皇帝外戚聚居的地方，后借指外戚。

然而逼我蜀，则蜀帅策泸水之勋；窥我淮，则淮帅奏维扬之凯。狼子野心，固不可以一捷止之，然使之无得弃去，则中国之技，未为尽出其下，彼亦犹畏中国之有其人也。独惟旧海，在天一隅，逆雏穴之者，数年于兹。飓风瞬息，一苇可航，彼未必不朝夕为趋浙计。然而未能焉，短于舟，疏于水，惧吾唐岛之有李宝在耳。然洞庭之湖，烟水沉寂，而浙右之湖，涛澜沸惊，区区妖孽，且谓有杨幺之渐矣。得之京师之耆老，皆以为此寇出没倏闪，往来翕霍，驾舟如飞，运舵如神，而我之舟师不及焉。夫东南之长技，莫如舟师，我之胜兀术于金山者以此；我之毙逆亮于采石者以此，而今此曹反挟之以制我，不武甚矣。万一或出于杨幺之计，则前日李成之不得志于荆者，未必今日之不得志于浙也。

曩[1]闻山东荐饥，有司贪市榷之利，空苏湖根本以资之，廷绅犹谓互易。安知无为其乡道者？一夫登岸，万事瓦裂。又闻魏村、江湾、福山三寨水军，兴贩盐课，以资逆雏[2]，廷绅犹谓是以捍卫之师为商贾之事，以防拓之卒开乡道之门。忧时识治之见，往往如此。肘腋之蜂虿[3]，怀袖之蛇蝎，是其可以忽乎哉？陛下近者命发运兼宪，合兵财而一其权，是将为灭此朝食之图矣。然屯海道者非无军，控海道者非无将，徒有王瓊[4]

---

① 曩（nǎng）：以往，从前，过去的。
② 逆雏：对年轻敌酋的蔑称。
③ 蜂虿（chài）：蜂和虿。都是有毒刺的螫虫。
④ 王瓊（xiè）：北宋末年入伍的南宋将领，参与了多次军事行动，但屡战屡败，遭到多位官员弹劾，还被削去兵权、降职。

数年之劳，未闻岳飞八日之捷。子太叔平符泽之盗，恐不如此。长此不已，臣惧为李成开道地也。臣愿陛下持不息之心，求所以弭寇之道，则寇难一清，边备或于是而可宽矣。

臣伏读圣策曰：“夫不息则久，久则征。今胡为而未征欤？变则通，通则久。今其可以屡更欤？”臣有以见陛下久于其道，而甚有感乎《中庸》《大易》之格言也。臣闻天久而不坠也以运，地久而不隤也以转，水久而不腐也以流，日月星辰而常新也以行。天下之凡不息者，皆以久也。《中庸》之不息，即所以为《大易》之变通；《大易》之变通，即所以验《中庸》之不息。变通者之久，固肇于不息者之久也。盖不息者其心，变通者其迹。其心不息，故其迹亦不息。游乎六合之内而纵论乎六合之外，生乎百世之下而追想乎百世之上。神化天造，天运无端，发微不可见，充周不可穷。天地之所以变通，固自其不息者为之；圣人之久于其道，亦法天地而已矣。天地以不息而久，圣人亦以不息而久。外不息而言久焉，皆非所以久也。

臣尝读《无逸》一书，见其享国之久者有四君焉，而其间三君为最久。臣求其所以久者：中宗之心，严恭寅畏也；高宗之心，不敢荒宁也；文王之心，无淫于逸，无游于畋也。是三君者，皆无逸而已矣。彼之无逸，臣之所谓不息也。一无逸而其效如此然则不息者非所以久欤？陛下之行道，盖非一朝夕之暂矣。宝、绍以来，则涵养此道；端平以来，则发挥此道；嘉熙以来，则把握此道。嘉熙而淳祐，淳祐而宝祐，十余年间，无非持循此道之岁月。陛下处此也，庭燎未辉，臣知其宵衣以待；日中至昃，臣知其玉食弗遑；夜漏已下，臣知其丙枕无寐。圣人之运，亦可谓不息矣。然既往之不息者易，方来之不息者难；久而不息者易，愈久而愈不息者难。昕临大庭，百辟星布，陛下之心此时固不息矣。暗室屋漏之隐，试一警省，则亦能不息否乎？日御经筵，学士云集，陛下之心此时固不息矣。宦官女子之近，试一循察，则亦能不息否乎？不息于外者，固不能保其不息于内；不息于此者，固不能保其不息于彼。乍勤乍怠，乍作乍辍，则不息之纯心间矣。如此则陛下虽欲久则征，臣知《中庸》九经之治，未可以朝夕见也；虽欲通则久，臣知《系辞》十三卦之功，未可以岁月计也。蜎蜎蠖濩[①]之中，虚明应物之地，此全在陛下自斟酌，自执持。顷刻之力不继，则悠久之功俱废矣。可不戒哉！可不惧哉！

陛下之所以策臣者悉矣。臣之所以忠于陛下者，亦既略陈于前矣。而陛下策之篇终复曰："子大夫熟之复之，勿激勿泛，以副朕详延之意。"臣伏读圣策至此，陛下所谓"详延"之意，盖可识矣。夫陛下自即位以来，未尝以直言罪士。不惟不罪之以直言，而且导之以直言。臣等尝恨无由以至天子之庭，以吐其素所蓄积。幸见录于有司，得以借玉阶方寸地，此正臣等披露肺肝之日也。方将明目张胆，謇謇谔谔[②]言天下事，陛下乃戒之以勿激勿泛。夫泛固不切矣。若夫激者，忠之所发也。陛

① 蜎蜎蠖濩（yuān yuān huò huò）：形容事物呈现出曲折、复杂的状态。
② 謇謇谔谔（jiǎn jiǎn è è）：謇謇，正直诚实；谔谔，直言敢谏。形容忠正直言。

下胡并与激者之言而厌之邪？厌激者之言，则是将胥臣等而为容容唯唯之归邪？然则，臣将为激者欤？将为泛者欤？抑将迁就陛下之说，而姑为不激不泛者欤？虽然，奉对大庭而不激不泛者固有之矣。臣于汉得一人焉，曰董仲舒。方武帝之策仲舒也，慨然以欲闻大道之要为问。帝之求道，其心盖甚锐矣。然道以大言，帝将求之虚无渺冥之乡也。使仲舒于此，过言之则激，浅言之则泛。仲舒不激不泛，得一说，曰“正心”。武帝方将求之虚无渺冥之乡，仲舒乃告之以真实浅近之理。兹陛下所谓切至之论也。奈何武帝自恃其区区英明之资，超伟之识，谓其自足以凌跨六合，笼驾八表，而顾如此语忽焉。仲舒以江都去，而武帝所与论道者，他有人矣，臣固尝为武帝惜也。堂堂天朝，固非汉比，而臣之贤，亦万不及仲舒。然亦不敢激，不敢泛，切于圣问之所谓道者，而得二说焉，以为陛下献，陛下试采览焉！

一曰重宰相以开公道之门。臣闻公道在天地间，不可一日壅阏，所以昭苏而涤决之者，宰相责也。然扶公道者，宰相之责；而主公道者，天子之事。天子而侵宰相之权，则公道已矣。三省、枢密[①]谓之朝廷，天子所与谋大政，出大令之地也。政令不出于中书，昔人谓之“斜封墨敕[②]”，非盛世事。国初，三省纪纲甚正，

---

① 三省、枢密：门下省、中书省、尚书省、枢密院之省称。宋初三省虽存，但权归中书省、枢密院及盐铁、度支、户部三司。元丰改制，始确立三省与枢密院为最高权力机构。

② 斜封墨敕：唐代非正式任命官员的诏书（斜封袋、墨笔书写），代指皇帝越权干预行政。

中书造命，门下审覆，尚书奉行。宫府之事，无一不统于宰相。是以李沆犹得以焚立妃之诏，王旦犹得以沮节度之除，韩琦犹得出空头敕以逐内侍，杜衍犹得封还内降以裁侥幸。盖宰相之权尊，则公道始有所依而立也。

今陛下之所以为公道计者，非不悉矣。以夤缘[①]戒外戚，是以公道责外戚也；以裁制戒内司，是以公道责内司也；以舍法用例戒群臣，是以公道责外廷也。雷霆发蔀，星日烛幽，天下于此，咸服陛下之明。然或谓比年以来，大庭除授于义有所未安、于法有所未便者，悉以圣旨行之。不惟诸司升补上渎宸奎，而统帅躐[②]级，阁职超迁，亦以夤缘而得恩泽矣。不惟奸赃湔洗上劳涣汗，而选人通籍，奸胥逭[③]刑，亦以钻刺而拜宠命矣。甚至闾阎琐屑之斗讼，皂隶猥贱之干求，悉达内庭，尽由中降。此何等虮虱事，而陛下以身亲之。大臣几于为奉承风旨之官，三省几于为奉行文书之府。臣恐天下公道，自此壅矣。

景祐间，罢内降，凡诏令皆由中书、枢密院，仁祖之所以主张公道者如此。今进言者，犹以事当间出睿断为说。呜呼！此亦韩绛告仁祖之辞也。“朕固不惮自有处分，不如先尽大臣之虑而行之。”仁祖之所以谕绛者，何说也？奈何复以绛之说启人主，以夺中书之权，是何心哉？宣、靖间，创御笔之令，蔡京坐东廊，专以奉行御笔为职。其后童贯、梁师成用事，而

① 夤（yín）缘：本指攀附上升，后喻攀附权贵，向上巴结。
② 躐（liè）：超越。
③ 逭（huàn）：逃避。

天地为之分裂者数世，是可鉴矣。臣愿陛下重宰相之权，正中书之体，凡内批必经由中书、枢密院，如先朝故事，则天下幸甚！宗社幸甚！

二曰收君子以寿直道之脉。臣闻直道在天地间，不可一日颓靡，所以光明而张主之者，君子责也。然扶直道者，君子之责；而主直道者，人君之事。人君而至于沮君子之气，则直道已矣。夫不直，则道不见。君子者，直道之倡也。直道一倡于君子，昔人谓之凤鸣朝阳，以为清朝贺。国朝君子，气节大振，有“鱼头参政①”，有“鹘击台谏②”，有“铁面御史③”，军国之事，无一不得言于君子。是以司马光犹得以殛④守忠之奸，刘挚犹得以折李宪之横，范祖禹犹得以罪宋用臣，张震犹得以击龙大渊、曾觌。盖君子之气伸，则直道始有所附而行也。

今陛下之所以为直道计者，非不至矣。月有供课，是以直道望谏官也；日有轮札，是以直道望廷臣也；有转对，有请对，有非时召对，是以直道望公卿百执事也。江海纳污，山薮藏疾，天下于此，咸服陛下之量。然或谓比年以来，外廷议论，于己有所未协，于情有所未忍者，悉以圣意断之。不惟言及乘舆，上勤节贴，而小小予夺，小小废置，亦且寝罢不报矣。不惟事

① 鱼头参政：北宋谏臣鲁宗道任参知政事，刚正疾恶，遇事敢言，因其姓鲁（鱼字头），且秉性耿直，故被称为“鱼头参政”。

② 鹘（hú）击台谏：比喻台谏官员在履行职责时，如同鹘捕食一般，对违法乱纪、贪污腐败、行为不端的官员或不合理的朝政举措进行迅猛、果敢且有力的弹劾与谏诤。

③ 铁面御史：北宋名臣赵抃为殿中侍御史时，弹劾不避权贵，人称“铁面御史”。

④ 殛（jí）：诛杀、惩罚。

关廊庙，上烦调停，而小小抨弹，小小纠劾，亦且宣谕不已矣。甚者意涉区区之貂珰[1]，论侵琐琐之姻娅[2]，不恤公议，反出谏臣，此何等狐鼠辈，而陛下以身庇之！御史至于来和事之讥，台吏至于重讫了之报。臣恐天下之直道，自此沮矣。

康定间，欧阳修以言事出，未几即召以谏院；至和间，唐介以言事贬，未几即除以谏官。仁祖之所以主直道者如此。今进言者，犹以台谏之势日横为疑。呜呼！兹非富弼忠于仁祖之意也。弼倾身下士，宁以宰相受台谏风旨，弼之自处何如也？奈何不知弼之意，反启人君以厌君子之言，是何心哉？元符间，置看详理诉所，而士大夫得罪者八百余家，其后邹浩、陈瓘去国，无一人敢为天下伸一喙者，是可鉴矣。臣愿陛下壮正人之气，养公论之锋，凡以直言去者，悉召之于霜台乌府[3]中，如先朝故事，则天下幸甚！宗社幸甚！

---

① 貂珰：貂尾和金、银珰，古代侍中、常侍的冠饰。后亦以借指宦官。
② 姻娅：指有婚姻关系的亲戚。
③ 霜台乌府：御史台之别称。御史职司弹劾，为风霜之任，故曰霜台。《汉书·朱博传》："是时御史府吏舍百余区，井水皆竭。又其府中列柏树，常有野乌数千栖宿其上，晨去暮来，号曰朝夕乌。"而后因而称御史台为乌府。

文化常识

知识点	解读
零丁洋	即伶仃洋。它位于广东省珠江口外，水域辽阔，连接南海与珠江水系，是重要航道。文天祥曾在此留下“零丁洋里叹零丁”的千古名句，让它声名远播。这片海域见证诸多历史风云，如今更是粤港澳大湾区发展的前沿阵地。
晁错	西汉政论家。他坚持重本抑末政策，提出纳粟受爵、募民充实塞下、积极备御匈奴攻掠，以及逐步削夺诸侯王国的封地等策，得到汉景帝采纳。
轮台之悔	汉武帝晚年下《轮台罪己诏》，反思穷兵黩武，指皇帝追悔往事引咎自责之言。
凤鸣朝阳	喻贤臣遇明君，呼吁重用君子。出自《诗经·大雅·卷阿》：“凤皇鸣矣，于彼高冈。”
江海纳污	引用《左传·宣公十五年》“川泽纳污，山薮藏疾”，意为江海能容纳污垢，比喻君主应包容大度（含纳贤才与容忍小过）。

元惠宗元统元年（1333）癸酉科

李齐

（1301—1353）

字公平。祁州蒲阴（属今河北安国市）人，一说广平（属今河北邯郸市）人。李齐年少家甚贫，但其禀赋不凡，于治学之道尤为勤勉，擅以精妙笔触雕琢辞章。元统元年（1333）参加进士考试得中汉、南人榜左榜第一名，授承务郎。历佥河南淮西廉访司事，移知高邮府。为政有声名。

至正十三年（1353），张士诚攻破泰州城。河南行省派遣李齐前往招安，被张士诚扣压。后因叛军内讧，李齐得以返回。不久，张士诚又起事，杀死参知政事赵琏，劫财掠民，攻破兴化县。行省又派李齐出守甓社湖。张士诚攻破高邮城，李齐回师救援。诏书到达高邮，凡叛逆者赦之。张士诚声称："李知府来，乃受命。"李齐一到便被下狱。张士诚本无降意，故意拖延官军攻城。以李齐为质，迫其下跪。李齐呵斥道："吾膝如铁，岂肯为贼屈！"李齐膝被捶碎，而后被凌迟。

元代诗人张翥写诗《高沙失守哭知府李齐公平》记录此事：高邮自昔号铜城，一旦东平委贼兵。杀气仓皇迷野色，怨魂呜咽泣江声。广陵琼树春仍在，甓社珠光夜不明。白首故人悲赵李，临风唯有泪纵横。

皇帝：元惠宗妥懽帖睦尔

问：

朕闻《易》曰："君子多识前言往行，以畜其德。"盖事必师古，帝王之所尚也。昔之有天下者曰皇、帝、王、霸，夫其位同，有庙社臣民同，爵禄废置[①]生杀予夺[②]之柄同，独其为号不同。然则，曰皇、曰帝、曰王、曰霸，其名义可得而知乎？治天下者，为其事必有其功，载之简册，垂之来世，尚矣。《三坟》[③]之书，少昊、颛顼、高辛氏之典湮灭无传[④]，其事功亦可考而有征于今乎？唐虞以下载籍虽存，亦可以尽信而无疑乎？

问：

临乎亿兆之上，必有为治之道，始终持循，以成一代之理。皇、帝、王、霸其为道同乎？不同乎？《传》曰："为政以德。"盖必行道，有得于心，然后可措诸政。皇、帝、王、霸之德，其浅深纯杂亦可得而言乎？君心出治之原也，皇、帝、王、霸其心之微，亦可得而见乎？是皆朕之所欲闻也。

---

① 爵禄废置：封爵授禄与罢免官职，指帝王权力核心。

② 生杀予夺：决定生死赏罚之权，指绝对统治权威。

③《三坟》：据说伏羲、神农、黄帝这三个著名的古代帝王都有著述，他们的书合称《三坟》，主要讲的是大道。

④ 湮灭无传：指文献散佚失传。

问：

子大夫修业于家殆有年矣。兹故详延于廷，以询所蕴。《书》曰："今民将在祗遹乃文考[①]。"又曰："别求闻由，古先哲王。"朕仰荷天明，承累朝之丕业，兢兢图治，其法祖宗者，固不待谋之子大夫矣。等而推之，皇、帝、王之心、之德、之道，何者可师？何者可取？其悉陈之，以副朕之虚伫。

问：

近世儒者以皇、帝、王、霸分而比之春、夏、秋、冬。然则，其所以为皇、帝、王、霸者，将犹气之周流于一岁，适然而然，初无系于向之云云也乎？天道循环，繇贞而元，理之必至，苟以四时方之，则秦汉而降，固可以配皇、帝、王、霸而班之否乎？子大夫其为朕索言之，朕将有所鉴焉。

左榜状元殿试卷　李齐

臣对：

臣闻元亨利贞[②]，天之道也。皇、帝、王、霸，世之运也。

---

① 祗遹（yù）乃文考：恭敬遵循先王遗训，强调效法祖先。遹，遵循。
② 元亨利贞：天道四德，喻宇宙运行规律。

夫世运虽有皇、帝、王、霸之不同，然而，一元之气[①]流行于天地之间者，则无时而已也。钦惟皇帝陛下，龙飞之初[②]，兢兢图治，又进臣等于廷，询以帝王之所尚，与夫皇、帝、王、霸事功之著，心术之微，且谆谆于皇、帝、王之心、之德、之道，俾臣等悉陈之。臣草茅微贱，凡圣问所及者，皆非愚臣之所能知也。臣尝读世祖皇帝中统建元之诏，有曰："法《春秋》之正始[③]，体《大易》之乾元[④]。"夫元者，天地生物之心也。天运循环，世纪为元。洪惟圣朝以元纪号，默契《大易》先天之旨，施之经世，又合邵子《皇极》[⑤]之言。由一元而推之，至于十二万九千六百[⑥]之数，万亿年无疆之休。臣敢不精白一心，以对扬天子之休命。臣谨俯伏以对。

臣有以见陛下深知皇、帝、王、霸名号不同，然必求诸事功，考诸载籍，而后有以明之也。臣闻傅说之告高宗曰："王人求多闻，时惟建事，学于古训[⑦]乃有获。事不师古以克永世，匪说攸闻。"

故君子所以多识前言往行者，将以畜其德。而帝王之所尚

① 一元之气：在以气作为宇宙万物之本原的一种古代哲学思想体系里，"一元之气"可理解为作为宇宙万物本原的气。气是哲学、医学乃至传统文化中最基本、最独特的范畴，是构成宇宙万物的基础物质。
② 龙飞之初：帝王登基初期。
③ 法《春秋》之正始：效法《春秋》笔法确立正统。
④《大易》之乾元：《周易》乾卦"元"之德，指创始之力。
⑤ 邵子《皇极》：邵雍《皇极经世书》，以易理推演历史周期，理学重要著作。
⑥ 十二万九千六百：邵雍宇宙循环周期数，喻天道循环。
⑦ 学于古训：学习古代典训，强调历史经验价值。

者，亦必以师古为先也。昔之有天下者，曰皇、帝、王、霸。夫皇之所以为皇者，犹天道之春生也。帝之所以为帝者，天道之夏长也。王之所以为王者，天道之秋成也。至于霸，则以力假仁[1]而已矣。虽其庙社臣民、爵禄废置、生杀予夺之柄同，而霸者之心则与皇、帝、王不可一例而论也。其名义之所以不同者，盖以道化民[2]者谓之皇，以德教民[3]者谓之帝，以功临民[4]者谓之王，以力假仁者谓之霸。其事功之著，则《三坟》不可得而详矣。然而，伏羲氏始画八卦，造书契，以通神明之德，以类万物之情，以代结绳之政，而民始知所从。神农氏作耒耜以教民稼穑，而民始知所本。黄帝氏定上衣下裳[5]之制，兴宫室舟车之利，而民始有常度。此皇之所以为皇，盖以道化民者也。皇降而帝，于是少昊、颛顼、高辛氏兴焉。其官名之善，历数之精，后世继述焉。至若尧之历象日月星辰，而致庶绩咸熙[6]之效，舜之命官资牧，而成恭己无为之治。此帝之所以为帝，盖以德教民者也。至若禹之不矜不伐、汤之克宽克仁，文王之征柔懿恭，武王之垂拱而天下治，以功临民，此王之所以为王也。他如秦穆修圣，晋文修贤，楚庄修术，齐桓修才，邵子尝有是言矣。其实则以力而不以德，知功利而不知道义，此霸之所以为霸也。皇、帝、王之迹虽若不同，其心则一而已。由是而论，则唐虞

① 力假仁：借仁义之名行武力，批判霸道。
② 道化民：以大道教化百姓，指无为而治。
③ 德教民：以德行教化百姓，是儒家治国理念。
④ 功临民：以功业治理百姓。
⑤ 黄帝氏定上衣下裳：黄帝定服饰制度，是礼制起源象征。
⑥ 庶绩咸熙：政绩辉煌，赞尧治世之功。

以下，典籍所载亦可信而无疑矣。此即陛下所谓为其事必有其功，载之简册，垂之来世之意也。

臣有以见陛下深知皇、帝、王、霸之心不同，将合皇、帝、王之治，而成一代之盛治也。臣闻有是心必有是道，有是道必有是治。治本于道，道本于心者也。盖皇、帝、王所传之道虽一，皇、帝、王为治之迹则殊。迹之殊者，时之异也；道之同者，心之一也。其始终持循以成一代之理者，初岂外于此心也哉！较之伯者，其浅深纯杂不待言而明矣。若夫心术之微，则臣请得而言之。尧之克明峻德，舜之兢兢业业，禹之不矜不伐，汤之克宽克仁，文王之纯亦不已，莫非以是心而行是政也。彼五伯之尤盛者，莫桓文若也。然而，邵陵之师[①]、城濮之战[②]不过急功利而已耳。此所以卒不能如汤武之仁义也。孟子曰：尧舜性之也，汤武身之也，五伯假之也。此即陛下所谓为政以德，盖必行道，有得于心，然后可以措诸政之意也。

顾臣愚贱，何足以知此哉！臣闻君天下之道，在法古以通今而已。欲法乎古，则皇帝王之心法所当讲也；欲通乎今，则世祖皇帝之成宪所当法也。夫法祖宗者，固不待谋之愚臣，臣亦不敢不为陛下言也。《书》曰：“今民将在祗遹乃文考。”

---

① 邵陵之师：齐桓公伐楚盟于邵陵，喻霸权外交。

② 城濮之战：春秋争霸典型战役。晋文公败楚于城濮，确立了晋国霸主地位。

此即法祖宗之意也。又曰："别求闻由，古先哲王。"此即取法于皇、帝、王之意也。况我世祖皇帝建国纪元之意，即天道一元生物之心乎！陛下仰荷天明，承累圣之丕业，兢兢图治，是亦帝王之用心也。臣愚以为，法皇、帝、王以致治，亦惟法祖宗而已。何者？祖宗之治即皇、帝、王之治也。等而推之，皇、帝、王之心、之德、之道，臣又请得而僭言之：精一执中，建中建极，帝王之心也；钦明文恩，恭敬宽仁，帝王之德也；身修、家齐、国治而天下平，帝王之道也。有是心则有是德，有是德则有是道。其取而法之，在陛下力行何如耳。其曰：君心，出治之原者，盖陛下深烛此理而后有此言也，心法之传，在陛下矣。彼伯者之事，何足以渎圣听哉！陛下之问及此，故臣敢胪列以明世运之不齐。然而皇、帝、王之道，则亘古今而不易也。臣前所谓迹虽异而心则一者，此也。

臣闻先儒邵子于阴阳消长之理，固已默会于心矣，故其为《皇极经世书》也，以日月星辰为元会运世之本，以皇、帝、王、霸[①]为《易》《书》《诗》《春秋》之体。且谓《易》该皇、帝、王，《书》该帝、王、霸，《诗》该王、霸，《春秋》纯乎霸，譬如寒暑昼夜之不齐，乃所以为齐也[②]，初岂适然而然，无系于向之云云也乎？天道循环，由贞而元，理之必至。唐虞以下，若秦者，固不足言矣。汉唐之治纵有可观，然而霸王之杂，

① 霸：古代诸侯联盟的首领。

② 乃所以为齐也：正是这些不同的内容和体例，才构成了一个完整的知识体系。

心术之偏，君子无取焉。臣是以不敢为陛下言也。臣之拳拳者，惟曰法皇、帝、王之为治，亦惟体世祖皇帝春秋正始之言，《大易》乾元之旨而已矣。况天运为元，圣德日新，其所以基鸿业无疆之休者，又自陛下始也！

文化常识

知识点	解读
左榜	元代科举实行分榜制度。考试时，蒙古人与色目人为一榜，称右榜；汉人与南人另为一榜，称左榜。蒙古人、色目人考两场，题目较易；汉人、南人考三场，难度更大。录取时，两榜名额相等。授官时，蒙古进士品级高于色目人，色目人又高于汉人、南人。若蒙古人、色目人参加汉人、南人的科目考试，考中后还会再加一等授官。该制度旨在保障特权，但影响了科举选拔人才的公平性与质量。
佥河南淮西廉访司事	元代职官名称。“佥”为“佥署”之意，指辅佐、协助处理事务；“河南淮西”是元代在地方设置的行政区域；“廉访司”全称为“肃政廉访司”，是元代重要的监察机构，隶属御史台，负责监察地方官员，纠察贪腐、考核政绩，同时参与重大案件审理，对维护地方秩序、巩固统治意义重大。

续表

知识点	解读
张士诚（1321—1367）	泰州白驹场（今江苏大丰西南白驹）人，是元末割据江浙的武装首领与农民起义领袖。他出身盐户，以运盐为生，因不满富豪与官府欺压，于至正十三年（1353）率十八人持扁担起义，史称“十八条扁担起义”。张士诚迅速攻克泰州、兴化、高邮，拥兵数万。次年正月，在高邮自称诚王，建国大周，年号“天祐”。至正十六年（1356），张士诚改平江为隆平府并定都，势力盛极一时。不过，在与朱元璋的交锋中，他渐落下风，一度投降元朝。后期，张士诚变得骄奢，怠于政务。至正二十七年（1367），平江城破，他被俘至南京后自杀。张士诚起义打击了元代统治，在辖区内减轻赋税、兴修水利，促进了地方发展,在元末历史中留下深刻印记。
邵子	指北宋著名理学家邵雍。他的学说以宇宙观和哲学思想为核心，强调宇宙万物的变化规律，特别是阴阳消长的规律。他认为宇宙是一个动态的系统。
傅说	商王朝的丞相，辅佐商帝武丁，成就太平盛世。《尚书·说命》中武丁评价他：“若金，用汝作砺；若济巨川，用汝作舟楫”，喻辅佐明君之臣。
元会运世	由北宋邵雍在《皇极经世书》中提出的概念。他以一年有 12 个月，一月有 30 日，一日有 12 时辰为基础进行推演，设定 1 元为 12 会，1 会为 30 运，1 运为 12 世，1 世为 30 年。以此来计算历史时间和宇宙循环，1 元共计 129 600 年。“元会运世”构建了一个宏大的时间体系，将历史发展纳入其中，以易理来推演宇宙和人类社会的兴衰变迁，是中国古代哲学中一种独特的历史观和宇宙观。

续表

知识点	解读
君心，出治之原者	强调君主的内心修养与意志是国家治理的根本。这一理念源于儒家“修身齐家治国平天下”的思想传统，认为君主作为政治核心，其德行、志向与决策直接影响国家兴衰。若君心公正仁德，便能制定良政、任用贤能，实现天下大治；反之，若君心昏聩，则易致纲纪紊乱、民不聊生。此观点在《大学》《孟子》等经典中均有体现，如“格物、致知、诚意、正心、修身、齐家、治国、平天下”，将“正心”作为治国前提；朱熹等理学家亦强调“人主之心，万化之原”，要求君主以天理约束内心，为后世统治者提供了重要的政治伦理规范与治国思想根基。
以力假仁者谓之霸	凭借武力而假借仁义之名来统治天下的人称之为“霸”，出自《孟子·公孙丑上》。孟子认为，这种称霸的方式并非真正的道德和正义的体现，只是依靠强大的力量来迫使他人服从，表面上打着仁义的旗号，实际上是为了满足自身的私欲和扩张野心。与“王道”所倡导的以道德和仁爱来治理国家、赢得民心不同，“霸道”虽能在短期内取得一定的统治效果，但难以获得民众真正的拥护和长久的支持，不符合儒家所追求的理想政治形态。

明太祖洪武十八年（1385）乙丑科

丁显

（约1358—1398）

字彦伟，福建建阳人。洪武十七年(1384)中举，次年殿试第一，时年二十七岁。殿试前一天，据传明太祖朱元璋做了一个怪梦，见殿前墙上有巨钉，下缀白丝数缕，飘于烈日之下，久思未解其意。次日，考官进呈试卷，首为花纶。皇上阅时，觉花纶方一十几岁未娶之少年，做状元未免年龄太小，及阅至丁显卷，豁然想起昨夜所做之怪梦：钉子不就是“丁”吗？日下数丝不就是“顯”(“显”的繁体字)的左边吗？天下竟有如此巧合之事！此乃天意，不可违背！遂案定丁显为状元。

丁显及第后，授官翰林院修撰。明代以科名入翰林，丁显为第一人。丁显状元得来侥幸，但仕途并不侥幸，其日后的官位远不及同科的蹇义、练子宁、黄子澄显赫。就在他仍做修撰的时候，有一次得罪了太祖朱元璋，被谪遣归家，至死未得叙用。丁显博通经史，文思敏捷，下笔立成，著有《建阳集》。

皇帝：明太祖朱元璋

问：

朕稽古名世者，惟敬事而畏人神[①]，趋事以历知[②]，涉难以立志，日运不息，岁运不已。虽在寝食，未尝忘其所以，由是大辅人君，福臻黎庶。所以名世者，为此也。

问：

朕自代元，统一华夷，官遵古制，律仿旧章，孜孜求贤，数用弗当。其有能者委以心腹，多面从而志异[③]；纯德君子授以禄位，但能敷古[④]，于事束手；中才下士廉耻无知，身命弗顾，造罪渊深，永不克己，彰君之恶。若非贞贤至圣，亦莫不被其所惑。若此无已，奈何为治？

问：

尔诸文士，虽在建学之秋，未博乎庶典，但能条陈可否[⑤]，则知利钝。既承朕命，悉乃心力，志根名世，在斯始举，必如朕意。

---

① 敬事而畏人神：出自朱元璋对“名世者”的要求，即敬畏天命（神）与民心（人），源自《尚书》“敬天畏民”思想，为儒家治国核心伦理。

② 趋事以历知：通过实践积累智慧。

③ 面从而志异：表面顺从，内心异志，指官员阳奉阴违，如朱元璋感慨“委以心腹，多面从而志异”。

④ 敷古：机械套用古法。

⑤ 条陈可否：分条陈述利弊。

状元殿试卷　丁显

臣对：

臣知上位以为人能立此之志，然后能行此之志。稽之于殷，则伊尹其人也；见之于周，则太公其人也。下此则萧、曹、韩、彭之兴汉，莫非有志之士，而尽致君泽民之术，以成万世之勋者，而上位皆得其人矣。惟陛下聪明睿智，允文允武，龙兴以来，内任韩国公以居相位，是犹殷之有伊尹也，汉之有萧何也。外则宁武王、开平王以主将权，是犹周之有太公也，汉之有韩、彭也。天下一家，兆民奠安[①]，皆上位明睿所照以致用人之效也。临御于兹，十有八年，首诛杨宪，继讨胡陈，扫除奸邪，肃清朝政，罢中书以杜权臣之源，升六部以明卿职之典，设通政以防壅蔽，崇监察以严弹劾。任无不能，政无不举，皆上位宸衷独断[②]，而得知人之术，而尤孜孜以得人为念，恐民之不得其所，天下幸哉！臣知上位得人于前，而未得人于后；得人于内，而未得人于外。

臣知上位既得人心以平天下，欲求得人以安天下。诏贤之诏，不一而下；贤才之举，不一而足。礼贤无不厚，任贤无不当。然面从而志异者，以其立志不坚而易以动也。往来朝觐官员，浊者有之，清者亦有之；贪者有之，而廉者亦有之。一体

① 兆民奠安：百姓安定。
② 宸衷独断：帝王独揽决策。

问赃，法出武卫，及至穷究，悉皆军士鞭捶之余，未有无赃之官，遂使浊者、贪者罪不加重，而廉者、清者罪不加轻。及蒙宽恩释使复任，然其纳赃，只凭前词。其贪者、浊者纳赃易于反掌，其清者、廉者纳赃致鬻妻子[①]，甚者穷而取给于民[②]。卒使贪浊者詈及于清廉[③]，清廉者悔不及于贪浊。积年，其人才之出仕者则数之，由某也廉而赔赃反多，某也贪而赔赃者反少。至今取为口实，失其本心，丧其廉耻，务其苟且。效其忠节者，几何人哉！

臣愚戆[④]，伏愿上位当平定之久，秬举之秋，重名爵，严黜陟，实刑赏，以立天下之志。夫纠察者，耳目之所在，贵朝之公者、能者以任之；布政者，方面之所系，贵朝之宽大长者以任之，然后使之互察其府、州、县贪廉能否。无得相通，各闻于上，以凭黜陟。仍三岁御史一巡，问民之疾苦，则人勤于为善以守己，以安其民，以效忠于上矣。

---

① 鬻（yù）妻子：指清廉官员因“赔赃”被迫卖妻卖子。鬻，卖。

② 穷而取给于民：因贫困盘剥百姓。

③ 卒使贪浊者詈（lì）及于清廉：指贪腐官员的行为连累清廉官员遭百姓咒骂，反映明初官场生态的复杂性。詈，骂。

④ 愚戆（zhuàng）：愚笨直率。自谦之词。

文化常识

知识点	解读
殿试	中国古代科举制度中最高级别的考试，由皇帝亲自主持，通常在皇宫大殿（如紫禁城的保和殿）举行，故称“殿试”或“廷试”。录取者统称“进士”，分三甲：一甲三人为“进士及第”（状元、榜眼、探花），直接授翰林院官职；二甲为“进士出身”，三甲为“同进士出身”，可进一步通过朝考入仕。殿试制度正式确立于北宋开宝年间。
中举	指科举时代乡试考中举人。乡试每三年一次在各省城举行，由朝廷派官员主考，录取者即为举人，可获得参加会试资格，且具备做官的初步资格。这一结果对读书人意义重大，不仅改变个人命运，也常使家族荣耀。小说中，范进中举后喜极而疯的故事，深刻反映出中举对读书人带来的巨大冲击，也折射出科举制度下社会阶层对功名的狂热追求。
蹇义（1363—1435）	明初重臣，官至吏部尚书，历五朝，与丁显同科，仕途显赫。
练子宁（1350—1402）	明初文学家，官至吏部侍郎，靖难之役中因反对朱棣被杀。
黄子澄（1350—1402）	建文帝重臣，官至太常寺卿，主张削藩，靖难之役后被诛。
萧、曹、韩、彭	指萧何、曹参、韩信、彭越，他们都是汉初功臣，对应明初文臣武将，体现朱元璋以汉制为范本的政治理想。

续表

知识点	解读
韩国公	指李善长（1314—1390），明初丞相，封韩国公，后因胡惟庸案被诛。
宁武王	指邓愈（1337—1377），明初名将，封卫国公，死后追封宁河王，谥号“武顺”。
开平王	指常遇春（1330—1369），明初名将，封鄂国公，死后追封开平王，谥号“忠武”。
杨宪 （？—1370）	明初大臣，曾任中书左丞，因结党营私被朱元璋诛杀。
胡陈	指胡惟庸（？—1380）、陈宁（？—1380），胡惟庸案主犯，均以谋反罪被诛。
监察	在明清时期主要指都察院这一重要机构。都察院作为中央最高监察机关，执掌弹劾、监察百官之权，肩负纠察官员违法失职、贪腐渎职等行为，维护官场风纪与朝廷纲常。它与刑部、大理寺并称“三法司”，共同构建起司法监察体系。刑部主掌刑狱案件审理，大理寺负责复核驳正，而都察院不仅参与重大案件会审，还对司法审判过程进行监督，三者分工协作、相互制衡，既保障法律公正执行，也强化皇权统治，对维护封建王朝的稳定与秩序发挥了关键作用。
六部	中央行政机构，废相后直属皇帝。
通政司	掌章奏传递，防权臣壅蔽。

续表

知识点	解读
稽古名世	效法古制。“稽古”出自《尚书·尧典》：“曰若稽古。”意为考察古事。“名世”出自：《孟子·公孙丑下》“五百年必有王者兴，其间必有名世者。”意为闻名于世的贤才。
致君泽民	《三字经》：“上致君，下泽民。”
三岁御史一巡	明代巡按御史制度雏形，丁显建议“互察府州县”预防贪腐。

萧时中

(1383—1425)

江西吉安人。为人温和，从不动怒发火；言行谨慎，谦虚礼让。明成祖朱棣从侄儿建文帝朱允炆手中夺取帝位的第八年，即永乐七年（1409）二月，萧时中赴京师南京参加在礼部贡院举行的会试，三场考试下来，他榜上有名，但会元的桂冠被临海（今属浙江）人陈璲夺得。按惯例，应于三月初一殿试，但当朝天子成祖皇帝在二月出巡北京，留皇太子朱高炽在南京监国。皇上不在，殿试无法如期举行。直至第二年十一月，成祖才回到南京。第三年，即永乐九年（1411）三月初一，殿试开考，萧时中一举夺魁，成为明朝开国以来第十一位状元。

萧时中中状元后，入翰林院为修撰，掌修国史。上任不久，天有灾异，萧时中借此上疏，指陈时政，共谈了八件事情，都极尽时弊。他的奏疏虽入木三分，但言辞和缓、委婉，成祖读后大加赞赏。然而，就在成祖准备重用他时，萧时中却罹病倒下了，不久便撒手人寰。

皇帝：明成祖朱棣

问：

朕承广大之基[①]，抚鸿熙之运，临御以来，夙夜惕厉[②]，博求至道以弘治化。而谈者类曰："礼乐刑政，四达而不悖，则王道备矣。"又曰："礼乐为国之根本，刑政为国之辅助。"稽之于古，伯夷典礼，后夔典乐[③]，见于《书》者，尚矣。至于三代损益[④]，缘人情而制礼[⑤]，谐五音以成乐，至周大备。浩乎其有本，粲乎其有文，可以睹其功德之盛。

若乎汉兴，承秦之弊，叔孙习于绵蕞，贾谊草具其仪，因循迁就，止于如此而已。唐因于隋，祖孝孙、房玄龄之流增益定制，太宗概慕古典，拳拳于乙夜之读。虽河汾之派[⑥]，而礼乐之问汗浃无对，使一代之典遂为阙文。宋初聂崇义、和岘之徒所定礼乐，大抵沿袭增损。数世相承，考求者非一，然犹恨残缺。制作之方，可谓难矣。

汉、唐、宋之礼乐大概若此，而其刑政犹可得而议。伊欲循古先王之法以洽和天下，使刑罚清而奸慝[⑦]革，政事昭而百姓宁，其道何由而可？先儒谓庠序为礼乐之原，其曰：

---

① 广大之基：指继承明太祖开创的基业。
② 夙夜惕厉：日夜警惕勤勉。
③ 后夔（kuí）典乐：后夔掌管音乐。
④ 三代损益：夏商周礼乐增减，语出《论语·为政》，强调礼法因时变革。
⑤ 缘人情而制礼：根据人性制定礼法。
⑥ 河汾之派：隋代王通在黄河、汾河间讲学，房玄龄、杜如晦出其门下，喻唐初儒臣源流。
⑦ 慝（tè）：奸邪，邪恶。

立太学以教于国，设庠序以化其邑。今之教化盖亦若是其备矣。然而，士鲜大道之归，国靡实材之用，其故何欤？

状元殿试卷　萧时中

臣对：

臣闻帝王之治道，必本于礼乐。帝王之礼乐，必本于和敬。盖敬者，是心固有之礼；和者，是心固有之乐。程子曰："礼只是一个序，乐只是一个和。"此之谓也。然和敬为礼乐之本，而礼乐又所以为出治之本也。人君诚能以和敬之心而兴礼乐，以礼乐而化天下，则治道著，风俗美，刑由之而措，政由之而修。尧、舜以之帝天下而协和万邦[①]者，此道也。禹、汤、文、武以之土天下而治世雍熙者，亦此道也。汉、唐、宋之所以治不古若者，庸非无躬行是道之实乎？欧阳子曰："三代而上治出于一，而礼乐达于天下。三代而下治出乎二，而礼乐为虚文。"此之谓也。

洪惟皇帝陛下，禀聪明睿智之资，备圣神文武之德。是心之礼乐，即尧、舜、禹、汤、文、武之礼乐，天下之治化，即尧、舜、禹、汤、文、武之治化。膺天命[②]眷佑之隆，协万邦归戴之心，

---

①协和万邦：使天下和睦，语出《尚书·尧典》，喻帝王终极理想。
②膺天命：承受天命，语出《尚书·武成》，强调皇权正统性。

承广大之基，抚鸿熙之运，而辟乾坤于再造[①]也。然道已至矣，而犹拳拳焉，惟至道之是求；治已隆矣，而且孜孜焉，虑治化之未弘。进臣等于廷，降赐清问。欲愚臣究夫历代礼乐刑政之序，陈其得失治否之详，而首之以“夙夜惕励”之一言，臣有以见陛下深知以是心为礼乐之本矣。臣稽首再拜，而为天下贺。愿陛下永行之而无怠也。盖陛下是心，即尧、舜兢兢业业之心，即武、汤、文、武汲汲图治之心也。然为治之本，陛下既已躬行之矣，而又举以策臣等，臣又知陛下是心，即望道未见之心，好问则裕之意也。臣敢不精白一心，以对扬圣天子之休命？

臣闻为治之道，本末贵乎兼该，轻重贵乎两尽。夫礼乐，本也；刑政，末也。本所当先，而末所当后也。盖导之以礼乐，而不率是教者，则刑以罪其过，政以正其不正，则民之所惧，而归于礼乐。此谈者所以类曰：“礼乐刑政，四达而不悖，则王道备矣。”然礼乐之本既立，则礼乐之化必兴，而民无愆举，而刑政可措而不用矣。故又曰：“礼乐为国之根本，刑政为国之辅助也。”此为治之本末先后，已断于渊衷[②]矣。臣奚以为多言为？臣谨因圣策所及，而条陈之。

臣闻鸿蒙未判[③]，而礼乐之妙具于天地。两仪既分，则天高地下，万化散殊，而礼制行矣。流而不息，合同而化，而乐兴焉。人得天地之气以生，赋之理以成性。故礼乐者，其心固有之理也。圣人因天地而制礼乐，故礼由阴作，乐由阳来。因

① 辟乾坤于再造：重塑天下，暗指朱棣靖难夺权后的合法性建构。
② 渊衷：渊深的胸怀。多用来称颂皇帝。
③ 鸿蒙未判：天地未分时的混沌状态。

人心而制礼乐，故礼以治外而为异，乐以治内而为同。其在上古，黄帝之有咸池，少昊之有大渊，颛帝之有六笙，帝喾之有五英，唐尧之有大章，其来尚矣。至于虞舜之时，则伯夷典礼[①]以节民性，后夔典乐以和民心。故在当时，黎民有于变之风，治化有雍熙之盛，其见于《书》，昭然可考也。

历夏而商，虽有损益之殊，然所谓制度文为，皆缘人情而制也。所谓大夏大濩，皆谐五音而成也。逮至成周之际，周公极制作之盛，其礼之敛而为五，则为吉、凶、军、宾、嘉之目。推之三百，而为礼仪，散之三千，而为威仪。所以弥纶天地[②]，经纬阴阳，藏之人心，著之天下，不可以一官名，不可以一事著。大而禋祀[③]上帝之典，朝觐宗迈之节，禴祀烝尝之仪[④]，而礼无不在也。徵而冠婚丧祭之事，宴饮乡射之类，而礼亦无不在也。升降跪起之有其仪，进退周旋之有其节，则礼文之备为如何？要其本而论之，则在乎敬而已。《礼记》首篇曰“毋不敬”，此之谓也。其乐之敛而为五音，推之十二而为律吕，散之八十而为乐调。大司乐所职，则有乐德、乐语之名，皆达之人心而形之歌咏，协之律吕而播之声音。清浊高下之有其度，缀兆疾徐[⑤]之有其容，则乐之备又何如？即其本而言之，则在于和而已。故《乐记》一篇，皆以和为言者，此之谓也。是以由闺门而推

① 伯夷典礼：伯夷掌礼制。
② 弥纶天地：统摄宇宙，语出《周易·系辞》，夸大礼乐功能。
③ 禋（yīn）祀：祭天典礼，语出《尚书·舜典》，喻帝王沟通天人之权。
④ 禴（yuè）祀烝尝之仪：禴，古同“礿”。古代宗庙举行礿祭、冬祭、秋祭等祭祀活动的礼仪。
⑤ 缀兆疾徐：乐舞节奏，语出《乐记》，指礼乐仪式规范。

之宗庙、朝廷，由王国而达之天下、四海，无一人而非礼乐之人，无一处而非礼乐之俗。熙熙乎，比屋有可封，而于刑者无有也。皞皞乎①，有士君子之行，而抵罪者无有也。比其功德之盛，巍巍乎，有非后世所能企及也。

由是而降，一坏于列国之纵横，再坏于暴秦之弃灭，而礼乐荡然矣。汉兴，则有叔孙通狃于绵蕞②之习，而其法失之卑。贾谊又为草具之仪，而其法失之陋。是以，典章声乐因循迁就，宗庙立而疑于昭穆③迭毁之说，郊祀建而求于天地分合之异，太学杂忝常之制，明堂遵玉带之图④，乐有嘉至永安之号，有赵代秦楚之讴，有唐山夫人房中之乐。当时虽一制氏，号为近古，然徒记其铿锵鼓舞，而不能言其义。河间王所献雅乐，又徒事虚文，而不能践其实。果可与虞周之礼乐同日而语乎？夫礼乐不兴，民心不古。故虽或约法三章以禁民之犯，或肉刑是除以宽民之罚，而张汤、赵禹作见知故纵⑤之法，而未闻有不犯之民也。虽或吏称其职，民安其业，几致刑措，特小康而已，曷足以比隆唐虞三代哉！此汉之所以止于汉也。

若夫唐太宗慨慕古典，拳拳于乙夜之读⑥，亦云善矣。然房、杜诸人，以河汾流派，而礼乐之问，汗浃无对⑦。其后因隋之旧，

---

① 皞皞乎：百姓和乐，语出《孟子·尽心上》，吹捧治世。
② 绵蕞：谓制定整顿朝仪典章。引绳为“绵”，束矛以表为“蕞”。
③ 昭穆：宗庙制度。语出《礼记·王制》。
④ 玉带之图：明堂规制，汉代争议建筑形制，讽礼制空谈。
⑤ 见知故纵：连坐法，典出《史记·酷吏列传》，批纯任刑政之弊。
⑥ 乙夜之读：深夜苦读。乙夜，二更时分，约为夜晚十点钟。
⑦ 汗浃无对：汗流浃背无言以对。

而加以养老读法之仪，次为吉、凶、军、宾、嘉之目，而号《贞观礼》者，玄龄之所定也。再加折衷，而为《大唐开元礼》者，长孙无忌等所定也。他若王经作《郊祀录》，章公肃作《礼阁新仪》，繁芜辟积，前后一律，不过互为同异之说而已。故孙昌嗣行一冠礼，而为外庭所笑也。其初，乐有十二和。开元又益以十五和，有七德九功之舞，又有上元之舞。此多祖孝孙之所增益也。厥后，玄宗分散乐二部，则靡然郑卫之音[①]，几流而忘返焉。此又果可与虞周之礼乐一概而论哉！夫礼乐不明，民昧所向。故虽或除鞭背之刑，而欲其趋于善；虽或任周兴俊臣之职，而欲知其所避，而亦未闻有不犯之民也。或致外户不闭，斗米三钱，特小治而已，又曷足追踪于唐虞三代哉？此唐之所以止于唐也。

宋初之礼，则聂崇义既上《三礼图》矣，而陈祥道又有《礼书》焉。刘温叟既上《开宝通礼》矣，而卢多逊又有《义纂》焉。《分门礼选》作于邢昺，《礼阐新篇》作于王口（缺字），可谓沿袭增损，考求非一人矣。然而《周官仪礼》罢弃不用，又果可谓礼之备乎？宋初之乐，和岘所定，则下王朴一律，李照所定，则下王朴三律，司马之所论辨，胡瑗之所考订。可谓历代相承，考求者非一人矣。然而纷纷籍籍，卒无定论。而议者则谓，朴之所知者音，照之所知者器而已。又果可谓乐之备乎？夫礼乐不备，而欲民重犯法，盖戛戛[②]乎其难矣。是以，制审刑之院，设明刑之官，以防民之犯也。

① 郑卫之音：泛指淫靡的音乐。春秋战国时郑卫两国的民间音乐，因不同于雅乐，曾被儒家称为“乱世之音”。

② 戛（jiá）戛：形容困难，费力。

然汉、唐、宋之所以礼乐废缺，而治化不及古者，讵无所自欤？盖为之君者，不知以和敬为兴礼乐之原；为之臣者，不知以礼乐为出治之本而然也。向使其以三代之所以兴礼乐者为务，则亦可驯至其极盛之地矣。夫制作之方，岂真难能也哉！钦惟我朝之礼乐，超汉、唐、宋于数等，又岂区区汉、唐、宋礼乐之足齿哉！伊欲法古先王之制，以治和天下，亦曰法其和敬之心而已。陛下以和敬之心，而兴礼乐于上，国学、庠序以礼乐而为教化于外，兆民以礼乐而修其身于下，将见林林总总之众，莫不知尊君亲上，而惧犯法，则刑罚由之而可清。诈伪之耻习，笃实之是尚，则奸慝由之而可革。黎民敏德[①]，比屋可封[②]，则政事由之而可昭。出作入息，相安相乐，则百姓由之而可宁。登于庙堂者，皆皋、夔、稷、契[③]之徒；列于庶位者，皆伊、傅、周、召之流，尚何士鲜大道之归，国靡实才之用哉！然是道也，皆陛下已行之实，已试之法矣。又岂待勉之而后能，强之而后至哉！

臣学术肤浅，明体适用有所未充，于三代、汉、唐、宋礼乐刑政之序，得失治否之略，臣已概陈之矣。然于终篇，愿有献焉。《易》曰："天行健，君子以自强不息。"陛下诚能取法天道，至诚无息，始终存此和敬之心，而无或间，则礼乐终始此盛，治化终始此隆，将见大礼与天地同其节，大乐与天地同其和。

---

①黎民敏德：百姓勤勉修德。
②比屋可封：户户有德，语出《尚书·大传》，喻理想教化成果。
③皋夔稷契：皋陶（司法）、夔（乐官）、后稷（农官）、契（教化），喻理想贤臣。

由是而四三王，由是而六五帝。《易》曰："上天下泽，履。先王以辨上下，定民志[①]。"此之谓也。又曰："雷出地奋，豫。先王以作乐崇德，"此之谓也。臣不胜惓惓[②]。臣谨对。

① 辨上下，定民志：明确等级以安民心。
② 惓惓：同"拳拳"，恳切诚挚。

文化常识

知识点	解读
监国	中国古代君主因出征、疾病或年幼无法理政时，由储君、宗室或重臣代行皇权的临时摄政制度，旨在维系政权延续。西周时期，监国主要表现为周王室对诸侯的监察体系，如周武王克商后分封管叔、蔡叔、霍叔为"三监"，驻守殷商故地监督遗民，并辅以"命卿"制度强化中央集权，形成"以监制藩"的治理模式。后世监国逐渐演化为中央政权内部的权力代行机制。
吉、凶、军、宾、嘉	古代"五礼"，是中国古代礼仪制度的核心分类。吉礼为五礼之首，主要祭祀天地、祖先等，祈求福佑；凶礼用于处理丧葬、灾祸等凶事，寄托哀思；军礼关乎军事活动，包括出征、凯旋等仪式，彰显军事威严；宾礼用于接待宾客、邦交往来，体现外交礼仪；嘉礼涵盖冠礼、婚礼等，以庆贺人生重要阶段、增进人际关系。五礼贯穿古代社会生活，对维护等级秩序、规范社会行为、传承文化传统具有深远意义，是中华礼乐文明的重要组成部分。

续表

知识点	解读
王朴三律	即王朴律，是五代后周世宗时期，由王朴设计的一种定音方法。959 年，王朴奉诏“详定雅乐十二律旋相为宫之法”。他在解决旋宫问题时采用弦律，意图不用变律又能实现旋宫。其方法是在十二律体系基础上，局部调整“三分损益律”，改变部分律的音高，但调整并非基于严格数理推导，而是经验做法。和岘、李照改订宋乐，文中讽其知器不知音。
十二和乐	唐代祖孝孙定十二和乐，象征天地时序。批判唐乐“流而忘返”，主张明乐应“协律吕而播声音”。
咸池	古乐名，《周礼·春官宗伯·大司乐》：“舞咸池以祭地示。”
五音	中国古代音乐的五种基本音阶，分别是宫、商、角、徵、羽。它们类似于现代音乐中的“1（do）、2（re）、3（mi）、5（sol）、6（la）”。五音是中国古代音乐理论的基础，也是构成乐曲的基本元素。
十二律吕	中国古代音乐的律制体系，包括十二个半音，分为“律”和“吕”两部分，分别对应阳律和阴吕。律吕用于规范音乐的音高和节奏,是中国古代音乐理论的重要组成部分。十二律分别是黄钟、大吕、太簇、夹钟、姑洗、仲吕、蕤宾、林钟、夷则、南吕、无射、应钟。其中，黄钟是十二律的基准音，相当于现代音乐中的 C 调。黄钟、太簇、姑洗、蕤宾、夷则、无射，六律属于阳律；大吕、夹钟、仲吕、林钟、南吕、应钟，六吕属于阴吕。

续表

知识点	解读
冠婚丧祭之礼	指古代的冠礼（成年礼）、婚礼、丧礼和祭礼。这些礼仪是古代社会生活的重要组成部分，体现了礼乐文化在人生各个阶段的规范作用。冠礼是古代男子成年礼，通常在男子二十岁时举行；婚礼是男女结合的礼仪；丧礼是古代处理死者和丧事的礼仪；祭礼是古代祭祀祖先和神灵的礼仪。
朝覲宗庙之礼	朝覲是古代诸侯朝见天子的礼仪，通常在天子的宫殿或朝廷举行，由天子主持。诸侯在规定的时间内前往朝见，行叩拜礼，向天子述职，并献上贡品。朝覲之礼最早见于《周礼·秋官·司仪》，是中国古代礼仪文化的重要组成部分。它不仅体现了诸侯对天子的忠诚，也反映了中央对地方的控制。
绵蕞	据《史记·刘敬叔孙通列传》载，叔孙通欲为汉高祖创立朝仪，使征鲁诸生三十人，叔孙通“遂与所征三十人西，及上左右为学者与其弟子百余人为绵蕞野外”。
叔孙	叔孙通，西汉鲁国薛人。汉初，制定朝仪，官拜太常，后徙太子太傅。
伯夷、后夔	伯夷典三礼，后夔典乐。出自《尚书·舜典》。文中以此强调礼乐本源，暗谏明成祖需重拾上古治道。
房玄龄、祖孝孙	《旧唐书》载房玄龄定《贞观礼》，祖孝孙修订唐乐。
聂崇义	宋洛阳人。善《礼》学，官至《礼记》博士，著有《三礼图》。
和岘	宋初官吏。通晓音律。曾制律目，使八音和畅。著有《奉常集》《秘阁集》等。

续表

知识点	解读
贞观礼	《贞观礼》是唐代重要礼书。唐初，高祖受禅，沿用隋代旧仪。至太宗践祚，大力兴复文教，于贞观年间，诏令中书令房玄龄、秘书监魏征等礼官学士，在隋礼基础上修订。《贞观礼》构建起唐初礼仪制度基本框架，对稳定社会秩序、巩固统治、弘扬礼教意义重大，也为后世《显庆礼》《大唐开元礼》等礼书的进一步完善提供了重要基础。文中提及是在贬房玄龄繁芜辟积。
开宝通礼	《开宝通礼》是宋代首部官修礼书。北宋开宝四年（971），宋太祖以《开元礼》为蓝本，命刘温叟、李昉等儒臣编纂，历时两年完成，共二百卷。全书涵盖吉、宾、军、嘉、凶五礼，确立国家祭祀体系，规范外交礼仪、军事活动及婚丧等人生仪礼，完善配享、宾宴等制度。它不仅是对前代礼仪的继承与革新，更是宋代强化统治、规范社会秩序的重要工具，为后世礼书编纂奠定基础，在宋代礼制建设中具有里程碑意义，其内容还曾作为科举考试科目。
审刑之院	审刑院是北宋时期重要的司法机构，宋太宗淳化二年（991）设立。它位于皇宫中，负责复查大理寺所断案件，地位凌驾于大理寺与刑部之上。凡地方上奏案件，先送审刑院备案，再交大理寺断复，而后刑部详议，最后经审刑院评议，奏请皇帝裁决。审刑院的设立分割了刑部和大理寺的司法权，强化了皇权对司法的控制，一定程度上避免冤假错案。不过，其机构重叠也导致司法效率降低。宋神宗元丰三年（1080），随着官制改革，审刑院被撤销，职权重新归还给刑部与大理寺。

清世宗雍正五年（1727）丁未科

彭启丰

（1701—1784）

字翰文，江苏长洲（今苏州）人。殿试时，读卷大臣把他列为一甲第三，雍正亲拔第一。授修撰，入直南书房，历充河南、江西、山东乡试主考官。乾隆三年（1738）迁翰林院侍讲，乾隆十五年（1750）补吏部右侍郎，迁左都御史，升兵部尚书，充经讲官。休致后主紫阳书院。高宗南巡，至山东迎驾，诏复尚书衔。

应制诸作多邀睿赏，暇则诗酒吟咏。后奉使滇、黔、兖、豫、楚、越之郊，随长白、木兰之地，揽山川之胜，形诸篇章。归田后憩息兰陔草堂中，兴到每发于吟咏，自喻适志。晚年赴京祝皇太后寿，赐游香山，居九老之一。诗恬雅，深得温柔敦厚之旨。兼善古文，文笔与年并进，宗法在韩愈、曾巩之间。门人朱仕琇叹为规矩天成，不烦绳削，确为风雅正宗；鲁仕骥盛称碑志之文，赞为虞集后一人而已。晚年从学者众多。

著有《芝庭文稿》《芝庭诗稿》等。

皇帝：清世宗雍正

问：

朕仰荷上天列祖眷佑之隆，圣祖仁皇帝付托之重，临御以来，勤求治理。日与群臣训诫咨儆，切加勉勖[①]，惟期笃元首股肱之谊，育胶庠塾序之材，吏治实底于澄清，民生共登于殷阜。朝乾夕惕，旰食宵衣[②]，此念无一刻释于怀也。人君奉天出治，而赞化端赖臣邻。人臣体国奉公，而分猷必资群力。惟君臣联为一体，故公尔忘私，国尔忘家，而明良之庆[③]以成。僚采联为一体，故善则相劝，过则相规，而协恭之美以著。朕推诚布公，实视百尔臣工为一体。而诸臣之事君者，果能尽一德一心之道而无惭于幽独欤？又何以使同朝共事者绝党比之私，化畛域[④]之见，以臻师师济济[⑤]之盛欤？

问：

国家所以重士者，以士之能自重也。故必端其所习，而后乡党视为仪型，风俗资其表率。乃或嚣凌诈伪，干犯名教，习于曲学而不循正道，骛为浮薄而不敦实行，士不自重，而里巷小民从而轻之，且相率藉口而仿效之。士习未端，安望

---

① 勉勖（xù）：勉励。
② 旰食宵衣：指帝王勤政，天未亮穿衣、天黑才吃饭。
③ 明良之庆：指君臣相得的盛世景象。出自《尚书·益稷》。
④ 畛（zhěn）域：比喻成见或宗派情绪。
⑤ 师师济济：贤才众多貌。

民风之归于厚乎。今欲使读书之人，争自濯磨[①]，澡身浴德，悉为端人正士，以树四民之坊表，必何道而可？

问：

守令为亲民之官，百姓之休戚系焉，古之称循吏者，必以惠群黎、端风化为要务。故里社之树艺，咸载史书。物类之感孚，皆征治化。以至诚恻怛之实心、尽父母斯民之实政。刚柔相济，教养兼施，斯不愧循良矣。朕欲百姓乂安，风俗淳美，果何道而使司牧皆得其人，以收实效欤？抑大法小廉，必端本于大吏之倡率欤？

问：

若夫民为邦本，食为民天[②]，劳民劝相以尽地力，自古重之。盖本业勤则衣食之源裕，俯仰足则礼义之化兴。正民之德，必先厚民之生，良有以也。海宇承平日久，休养多年，户口愈繁，生齿愈众，而地不加广，自非人尽上农，何以使仓廪足而妇子宁欤？然则欲使野无不垦之土，国无游手之民，不事末利而专务恒产，为民牧者，必如何劝勉鼓励而后见丰亨豫大[③]之休也。夫朝宁有喜起之风，则万邦黎献，观感奋兴，而野多俊乂矣。长吏树抚循之绩，则寰宇苍生，养恬耕凿，而户乐丰盈矣。

尔多士留心经济，具详著于篇，朕将亲览焉。

---

① 濯磨：亦作“濯摩”。洗涤磨炼。比喻加强修养，以期有为。
② 食为民天：化用《汉书·郦食其传》：“民以食为天。”
③ 丰亨豫大：形容国家富足安乐的盛世景象。出自《周易》。

状元殿试卷　彭启丰

臣对：

人臣体国奉公，而分猷必资群力，欲其尽一德一心之道，臻师师济济之盛。此诚万古明良交泰之隆情也。《易》曰“上下交而志同[①]”，《书》曰“谟明弼谐[②]”，惟君臣联为一体，故贵以公尔忘私，国尔忘家者，励翼为明听之诚。惟僚采联为一体，故当以有善相劝，有过相规者，志同寅协恭之雅。盖对扬休命，必返诸夙夜之钦承，故不以文貌相将而悃忱[③]始笃也。风示群僚，必先建大廷之丰采，故不以声气相援而精白始著也。我皇上推诚布公，视臣邻如一体，敕幾宣训，孚弼直于一心，则凡夙夜自公者，谁不感高厚之鸿恩，执简待漏者，谁敢忘靖共之素志。由此而正直自矢，于隐微之地，悉去其偏私，公溥同人，而念虑之间，胥化其畛域，无偏无党。遵王道之荡平，推贤让能，致庶官之辑睦，仰承圣训之煌煌，而与僚采共相勉于匪躬之谊，则泰交之盛于是乎成矣。

士必端其所习，而后乡党视为仪型，风俗资其表率。此诚万世鼓励人才之至意也！窃惟古之造士者，有三物六行之陈，有党正闾师之设，力田与孝弟同科，对策以贤良为首，凡欲养

---

① 上下交而志同：强调君臣沟通治国。出自《周易·泰卦》。
② 谟明弼谐：谋略美善，能辅佐协调其政。出自《尚书·皋陶谟》。
③ 悃忱（kǔn chén）：诚恳；忠诚。

其忠厚诚悫之性，而导以仁义中正之修。故为士者不患文辞之不工，而患道德之不实，务当循正道以维持乎名教，无容泥曲学而自越其范围。我皇上爱士育才，频施旷典，章缝挟策之儒[①]，罔弗振兴鼓舞。而又董师儒之官，申庠序之教，诚欲使诵读古训者悉为端人正士，以示四民之坊表也。夫士习未端，民风不可得厚，而欲濯磨于一旦，必先教育于平时。是在为师儒者仿胡瑗经义治事之法，兼朱熹分年考校之经。核其贤否，树之风声，则师道立而善人多矣。

守令为亲民之官，必以惠群黎、端风化为要务。盖澄清吏治之思，莫切于是矣。夫《周礼》之计吏也，廉善廉法，更取其廉能。《洪范》之程人也，有猷有为，总归于有守。若勤劝农种，化导乡人，《循吏传》中殊多可纪。盖必有至诚恻怛之实心，以行父母斯民之实政，斯刚柔相济，而性情不失诸偏苛，教养兼施，而治术无虞其阙略也。我皇上知人善任，慎简廷僚，务使人地相宜，才猷具备。故为吏者鲜不恪恭厥职，思所以报最于三年，而百姓已皆乂安，风俗已皆淳美矣。乃犹以得人为兢兢，岂非安益求安之至计欤。夫守令为亲民之官，其所以厚民生者在乎劝课农桑，使闾里足于衣食。其所以正民德者在乎振兴礼乐，使庠序不辍《诗》《书》。由是入境采风，而襦袴兴谣[②]，书名纪绩，而联常晋秩[③]，虽古之循吏何以加焉！《礼》

① 章缝挟策之儒：穿着儒服、手持书籍、潜心求学的儒者。
② 襦袴（rú kù）兴谣：百姓作歌谣赞颂官员政绩。出自《后汉书·廉范传》。
③ 联常晋秩：指官员仕途顺遂，不断升迁。

曰："大臣法，小臣廉。"督抚倡率于上，守令承风于下。惟大吏能正己率属，斯小吏皆守法奉公。是又其本也。

民为邦本，食为民天，而欲使仓禀足而妇子宁。此诚足国裕民之良模也。盖闻礼义生于富足，豫大本于丰亨。是故《周礼》遗人、廪人之职，常使野有盖藏而户多蓄积。《周诗》豳雅、豳颂[①]之篇，惟闻俶载南亩，而田畯至喜。今欲野无不耕之土，则所以经营于树艺者，非一手一足之烈也。欲国无游手之民，则所以董劝其习勤者，有来咨来茹之命也。皇上轸念民依，周知稼穑，举耕耤[②]之典，开水利之宜。凡以生齿既众，则仰食者多，而欲人人不趋末利，事恒产，而为上农也。诚使为民牧者劳农劝相，巡行于畎亩之中，因地乘天，广示以耕桑之利。协风始至，而播谷维勤，膏雨既零，而于耜悉举，则粳稻丰登，仓箱有庆。无事议积贮之方，施补助之典，而家给人足，不已贻乐利于无穷欤。

① 豳雅、豳颂：指《诗经·豳风》中《七月》等篇，描述农耕。
② 耕耤（jí）：同"耕藉"，古时每年春耕前，天子、诸侯举行仪式，亲耕藉田，种植供祭祀用的谷物，并以示劝农。

文化常识

知识点	解读
紫阳书院	原是按灵宝道派“三教合一”道义供奉孔丘、释迦牟尼、李耳的观宇，名为“道德官”，也是名人论道讲学、唱和燕憩的场所。因朱熹曾两次在这里讲学，其别号紫阳，故时人又称这个书院为“紫阳书院”。
笃元首股肱之谊	比喻君臣关系如首与四肢，强调君臣同心治国。出自《尚书·益稷》。
朝乾夕惕	形容勤勉谨慎。出自《周易·乾卦》。
里社之树艺	地方官劝农种植的制度，“里社”为基层单位，“树艺”指农耕技术。出自《周礼》。
大法小廉	指上层守法则下层廉洁。出自《礼记·礼运》。
民为邦本	强调百姓是国家根本。出自《尚书·五子之歌》夏朝政变教训。
经义治事	宋代教育家胡瑗主张分科教学。经义，研习经典；治事，学习实务。
朱熹分年考校之经	朱熹提出按年龄分阶段考核学业，如小学、大学。
廉善廉法	出自《周礼·天官》，考核官吏需品德（廉善）与能力（廉能）。

续表

知识点	解读
有猷有为、有守	出自《尚书·洪范》，选拔人才需谋略、作为、操守。
循吏	《史记·循吏列传》中记载的德才兼备的官员，如汉代的文翁、黄霸。
曲学	指偏离儒家正统的学说（如法家、纵横家），与“正道”（儒学）对立。
末利	古代以农业为“本”，工商业为“末”，反对舍本逐末的经济思想。
南书房	南书房位于紫禁城乾清宫西南，始建于明代，清代沿用并赋予了新的职能。它最初是皇帝读书、写字、作画的地方，后来逐渐成为皇帝与文臣交流学术、处理政务的重要场所。对于官员来说，入值南书房是一种极高的荣誉，意味着得到了皇帝的特别赏识和信任。入值南书房的官员通常会被赋予更重要的职责，甚至可能参与机密事务的讨论。
兰陔草堂	在古代，文人墨客常常为自己的居所或书房取一个雅号，以表达自己的志趣和情怀。“兰陔”一词出自《诗经·小雅·南陔》。“兰”象征高雅、纯洁；“陔”：田埂。兰陔草堂的名字可能寓意着主人追求高雅的文化生活，以及对孝道和品德修养的重视。兰陔草堂是彭启丰的居所或书房，是他晚年憩息和创作的地方。在这里，他可以远离官场的纷扰，专注于文学创作和学术研究。

续表

知识点	解读
高宗南巡	高宗即清高宗弘历，也就是乾隆皇帝，清朝第六位皇帝。他在位期间，国家政治稳重、经济繁荣、文化昌盛，被称为“乾隆盛世”。乾隆皇帝多次南巡，主要是为了巡视江南地区的政务、民情和军事防务。江南地区经济发达，人口众多，是清朝的重要财赋之地。通过南巡，乾隆皇帝可以亲自了解地方情况，加强中央对地方的控制。

清高宗乾隆二年（1737）丁巳恩科

于敏中

(1714—1780)

字叔子、仲常，号耐圃、重棠，江苏金坛人。清代大臣，书法家、学者。他年少天资聪慧、勤奋异常，雍正七年（1729）中举，乾隆二年（1737）以头名进士授翰林院修撰。历任日讲起居注官、乡试考官、学政等职，入值上书房任侍讲学士获乾隆信任，屡迁官职。

乾隆二十五年（1760）入军机处，乾隆三十八年（1773）晋为文华殿大学士兼户部尚书。当时乾隆征集古籍，安徽学政提议搜辑《永乐大典》古书，刘统勋反对，于敏中赞成，乾隆遂开《四库全书》馆，命他为总裁。

金川战事时，身为文官的于敏中在军机处参与军事，办事得力，战后因功获赐一等轻车都尉，还统领文渊阁事务，画像入前五十功臣像。乾隆四十四年病逝，谥文襄，入祀贤良祠。

于敏中诗文、书法俱佳，楷书、行书尤擅，书风近董其昌。他奉旨编纂《四库全书》等诸多典籍，还著有《素余堂集》，为文化传承贡献卓著。

皇帝：清高宗乾隆

问：

朕缵承大统①，仰继祖宗重熙累洽②之运，惟以主敬存诚③，孜孜自勉，以求保泰之道，宵衣旰食，不敢诿责臣工。然帝王建治于上，尤赖百职事④辅治于下。敬修可愿，至诚感神者，为君之诚敬也。小心翼翼，夙夜匪懈者，为臣之诚敬也。君臣交相咨儆，始可以迓庥和⑤而绵泰运。大小臣工，何以精白寅恭⑥，以恪襄至治欤？

问：

古称任官惟贤，位事惟能。以人事君者，大臣之职也。乃或阿其所好，而藉以市恩⑦，或猎取虚名，而不孚舆论。为国荐贤之谓何？良由私意汩于中，而偏见淆于外也，何以使膺荐举之任者，皆举能其官，而无用匪其人之失欤？

问：

言路开则见闻广。但言必衷于理，事必举其当。若摭

---

① 缵承大统：继承皇位。缵，指继承。大统，指帝位。
② 重熙累洽：指国家长期安定繁荣。出自班固《两都赋》："重熙而累洽。"
③ 主敬存诚：儒家修养方法。主敬，指内心庄重。存诚，指保持真诚。
④ 百职事：指百官。
⑤ 迓庥（yà xiū）和：迎接吉祥和谐。
⑥ 精白寅恭：精白，纯洁无瑕。寅恭，恭敬谨慎。
⑦ 阿其所好，而藉以市恩：阿谀上级喜好，用私恩收买人心。

拾[①]浮谈，有心迎合，或以迂疏悠谬之论，喋喋敷陈，所谓稽于众者，果若是欤？夫有益于民生国计，是曰嘉谟[②]。即纠缪绳愆，亦称谠论。有志建白者，何以无负悬鞀设铎[③]之至意欤？

问：

我国家休养生息，民物滋繁，宜其户庆盈宁，蓄积饶裕。乃犹时屡匮乏之虞，其咎安在？将人多趋利逐末者众，而耕作者寡欤？食用奢靡，未能以礼以时，而不知撙节欤？其所以勤劝课而警游惰，可不讲欤？

状元殿试卷　于敏中

臣对：

帝王建治于上，尤赖百职事辅治于下，君臣咨儆，始可迓庥和而绵泰运，大小臣工何以精白寅恭，恪襄至治。诚万世堂廉兢业[④]之隆也。臣惟人君，代天子民，凡百尔臣工，如四时之运行而成岁焉。是臣固佐君以亮天工[⑤]者也。故位则曰天位，

① 摭（zhí）拾：收取、采集。
② 嘉谟：良策。
③ 悬鞀（táo）设铎：广开言路、广泛征求意见。
④ 堂廉兢业：堂，指朝廷。廉，指界限、礼法。意指在朝廷礼法中勤勉谨慎。
⑤ 亮天工：辅佐君主治理天下。

职则曰天职[①]。君奉天，而臣奉君，必有畏天之心，而后可尽其亮工之职。所以，虞廷喜起赓歌，必先之以时几之训，兢业之衷。一堂之君咨臣儆，动色相戒者，总不外诚敬之交修，此可以得圣世君臣致治之本矣。人君之心，本于诚敬，则上之以顾天命，下之以畏民喦[②]，而严恭寅畏，不敢荒宁也。人臣之心，本于诚敬，则上之惟思报国，下之惟思裨民，自矜而不争，群而不党也。古之圣人，当重熙累洽之时，犹必切忧盛危明之惧者，保泰之道也。于是，三公论道，六卿分职，以为九牧之倡，其事则所掌各殊，其治则总归于阜成兆民[③]焉耳。今诸臣果皆仰体皇上钦崇之至德，诚饬之深心，而精白自矢，公尔忘私。持盈保泰之休风，孰有逾于是哉！

以人事君者，大臣之职也。何以使膺荐举之任者举能其官，而无用匪其人之失。此诚知人任使之规也。臣惟致治之方，用人为要。苟得其人，则天下之事有不难从容以理者。然必求才全德备之人，而后用之，则天下之才，且将告乏，而一人之耳目，亦有所不周。于是，以其权分寄之部院、卿贰、督抚、提镇，而内外文武之材，乃可以一无所遗，岂非用人之良法哉。顾荐举一行，则登进之途以广，而侥倖之门亦易开。今日呈身自献之人，必非他日致身许国之人，今日识面求荣之人，必非他日铁面无私之人。自好之士不事于求，浮兢之中断无人品，此可

① 天位、天职：君位与官职皆承天命，强调责任神圣。
② 喦（yán）：僭越，超过本分。
③ 阜成兆民：使百姓富足安定。

一言决也。乃臣子为国荐贤，而顾惟年友、恩门[①]之是狥，党援、请托之相仍，尚望其得人才而收实用乎？本至公之心，出以至明之识，是在诸臣之仰体圣主求贤图治之盛心矣。

言路开则见闻广，但言必衷于理，事必举其当，有志建白者何以无负悬鞀设铎之至意。诚万世献替之盛也。窃思虞廷致治，必先之以明四目，达四聪[②]，所以广四方之观听，决天下之壅蔽也。盖以天下之大，为聪明者，圣人之大公也。天下之大，不能周知，于是以大臣为之股肱，而以谏臣为之耳目。此后世言官之所由设欤？三代以下，号称纳谏，无如汉之文帝、唐之太宗，故名臣迭起，直声著闻，用能布德施惠，治臻太平。外此，则水火之攸分，朋党之互立[③]，附比者阴为之主持，立异者显肆其诋毁，辨论纷纭，攻击不已，驯至植党树援，分门列户，变易黑白，颠倒是非，而国政民生，均受其弊者。此宋明以来积习相仍，固结而不可解者也。今诸臣幸遭逢圣明，虚衷咨询，言路广开，果实求夫吏治民生之得失，尽屏私心，竭诚入告，有不媲美于明目达聪之隆者哉！

国家休养生息，民物滋繁，而虑人多趋利逐末，食用奢靡，欲勤劝课而警游惰。诚敦本崇实之至意也。考之《周礼》所载，

---

① 年友、恩门：年友，同年科举考生；恩门，提拔自己的恩师。代指官场裙带关系。
② 明四目，达四聪：指君主广开视听、体察民情。出自《尚书·舜典》。
③ 水火之攸分，朋党之互立：比喻朝廷派系对立如水火。

太宰以九职任万民，首于三农生九谷，而终于游民无常职，此可见重本抑末之意焉。又读《七月》之诗，而知圣人之爱养其民者，何委曲而详尽；民之遵守其教者，何风淳而俗厚也。其事不过农桑两大端，而自治蚕、织紝、场圃、田猎、烹葵、剥枣之事，无不至纤至悉，以为之谋，何其始于勤而归于俭也。意者，田畯之劝，相有道耶？抑民俗之相习成风耶？是知三代盛时，其民之宽然有余。于以成康阜之休，致雍熙之盛者，殆教养兼隆之道欤？臣谓欲民之富，莫若使之敦本力田。欲民之敦本力田，莫若使之驱游惰而为力勤，抑兼并而归俭约，申逐末之禁，务崇本之风，化浮靡之俗，而长吏又以时巡行郊野，以宣布圣天子爱养生民，敦本重农之德意，与民休养生息。衣食足而礼义兴，化民成俗之道，宁有外于是乎？要皆我皇上以至敬之默成者主于中，而以至诚之无息者运于上，是以当盛明之世，深兢惕之衷，而至敬之心，与天合撰焉，至诚之德，法天行健焉，于以成万年永定之基，而绵国家巩固之隆，自与天无极矣。

臣草茅新进，罔识忌讳，干冒宸严，不胜战慄陨越之至。臣谨对。

文化常识

知识点	解读
四库全书	为清代大型丛书，由纪昀等360多位高官、学者于乾隆年间编纂，于敏中任总裁。它汇聚经、史、子、集4部典籍，收书3500余种、7.9万余卷，集古代文献之大成。编修耗时13年，抄成7部，分藏多地。既保存了文化瑰宝，又为后世研究古代政治、文化等领域提供海量一手资料。
敬修可愿，至诚感神	指君主以诚敬治国感通神明。出自《尚书·大禹谟》："敬修其可愿。"
稽于众	考察众人意见。出自《尚书·大禹谟》："稽于众，舍己从人。"
《七月》之诗	《诗经·豳风》篇名，描写周代农耕生活，强调勤勉节俭。
赓歌	作歌唱和，连续不断的歌声，表示欢乐。赓，酬答、应和。《张右史集·屋东》："赖有西邻好诗句，赓酬终日自忘饥。"
时几之训	指君主勤政。出自《尚书·皋陶谟》："兢兢业业，一日二日万几。"
化民成俗	通过教化改变民风。出自《礼记·学记》："君子如欲化民成俗，其必由学乎。"
法天行健	效法天道刚健不息。出自《周易·乾卦》："天行健，君子以自强不息。"
重本抑末	重视农业，抑制工商业。这是中国封建社会的一项基本政策。本，指农业。末，指工商业。

续表

知识点	解读
九职	出自《周礼》，包括三农（谷物）、园圃（果蔬）、虞衡（山泽）、薮牧（畜牧）、百工（手工业）等，对策借此强调经济分工与农本思想。
敦本崇实	清代官方提倡的治国理念，“敦本”即重农，“崇实”即反对空谈（如心性之学），强调务实政策。
翰林院修撰	古代封建王朝设置的专门机构，主要负责为皇帝起草文书、编修历史、记载皇帝言行等事务。它起源于唐代，明清时期成为重要的文化机构。修撰是皇帝的文学侍从之臣，地位较高，通常由进士出身的文人担任。他们在皇帝身边工作，为皇帝提供文化、文学方面的建议和帮助，是皇帝的文化顾问。
日讲起居注官	主要负责记录皇帝的日常言行，包括皇帝的起居、饮食、会见大臣、处理政务等各种活动。记录完成后，会整理成册，供皇帝本人和后世查阅。这些记录被称为“起居注”，是研究皇帝言行和历史事件的重要资料。通过这些记录，可以了解皇帝的决策过程、性格特点以及当时的政治状况。同时，起居注官的工作对皇帝的行为起到了一定的监督作用。
侍讲学士	皇帝的文学顾问，主要负责为皇帝讲解经史典籍、文学作品等。他们需要根据皇帝的需求，准备讲解的内容，帮助皇帝理解古代经典著作的思想和文化内涵。侍讲学士在皇帝身边工作，与皇帝接触频繁，因此地位较高。他们不仅为皇帝提供文化知识，还通过讲解影响皇帝的思想和决策。同时，侍讲学士也是皇帝与文人阶层之间的桥梁，有助于皇帝了解文人的思想动态。

续表

知识点	解读
军机处大臣	清代中后期最重要的中枢机构之一，设立于雍正年间。它的出现标志着清代君主专制达到了顶峰。军机处大臣负责处理国家的军政大事，包括军事部署、政务决策、传达皇帝旨意等。他们直接听命于皇帝，权力极大，是皇帝的亲信大臣。
文华殿大学士	文华殿是紫禁城内的宫殿之一，文华殿大学士是内阁的重要官员之一。内阁是明代和清代前期的重要中枢机构，负责辅佐皇帝处理政务。文华殿大学士主要负责协助皇帝处理政务，包括起草诏书、批阅奏折、参与决策等。
户部尚书	六部之一户部的最高长官，主要负责国家的财政事务，包括税收、户籍、土地、货币等。
一等轻车都尉	清代的爵位制度中，除了传统的公、侯、伯、子、男五等爵位，还设有多种低级爵位，用于赏赐有功之人。一等轻车都尉是一种世袭的低级爵位，通常授予有功的文臣或武将。
永乐大典	明代永乐年间编纂的一部大型百科全书，由明成祖朱棣下令编纂，解缙、姚广孝等人主持编纂工作。全书共22 937卷，约3.7亿字，汇集了当时已知的各类文献资料，包括经、史、子、集四部，以及天文、地理、医药、农业、工艺等各方面的知识。它是中国古代规模最大的百科全书，也是世界上最早的百科全书之一。